Josef Georg

Mit Rute und Pendel Auf den Spuren des Unsichtbaren

Meiner lieben Frau Annemarie gewidmet.

ISBN 978-3-921815-92-2

Druck und Bindung: BOD Norderstedt

Josef Georg

Mit Rute und Pendel

Auf den Spuren des Unsichtbaren

„Nicht fragen, warum dieses oder jenes so ist in der Radiästhesie
sondern dieses Geschehen hinnehmen
und es zum Wohle der Mitmenschen benutzen.
Findet man dabei den Weg zu Gott zurück,
so öffnen sich viele Tore,
um dann in Dankbarkeit zu schweigen und zu dienen.

(Prof. Dr. C. Mohlberg OSB, Schweiz 1958
Mönch – Wissenschaftler – Pendelforscher)

Josef Georg 2012 in Lebach

Vorwort von Josef Schachhuber

„Das einzige Verdienst, dessen sich ein Mensch vor Gott rühmen kann, ist, dass er seine Berufung auf sich nimmt“
(Francois Mauriac)

Heilmagnetismus kann mit bioenergetischer Energieübertragung viele Krankheiten lindern oder sogar heilen. Es werden viele verschiedene Arten praktiziert, wie zum Beispiel das Handauflegen oder der Einsatz von Rute und Pendel. Auch im mentalen Bereich werden große Erfolge mit Rute und Pendel erreicht. Speziell auf diesem Gebiet sind die Anforderungen sehr hoch und nur einem geübten und erfahrenen Heiler und Radiästheten eigen. Größere Erfolge sind auf dieser feinstofflichen Ebene möglich, doch ist auch gutes Vertrauen zum Heilpraktiker notwendig.

Meine Familie und ich lernten Josef Georg persönlich kennen, da seine Entdeckung der Kraft-Orte in Gschriet/Kärnten – Millstätter See in der österreichischen Presse eine umfangreiche Berichterstattung auslöste. Inzwischen haben wir ihn öfter persönlich in seinem Heimatort Eppelborn-Bubach/Saar aufgesucht, auch wegen einer Erkrankung meiner Mutter, der er mit seiner Heilbehandlung helfen konnte.

Meine Besuche waren für mich hoch interessant und lehrreich. Josef Georg konnte auch meine Fähigkeit zur Heilung und Hellsichtigkeit radiästhetisch und mental bestätigen. Er war mir Lehrer und Ausbilder zum Radiästheten und ist mir heute noch ein guter Freund und Lehrmeister, der mir auch immer wieder neue Erkenntnisse vermittelt und mich mit seinen radiästhetischen und mentalen Fähigkeiten immer wieder in Erstaunen versetzt.
Auch ich hatte durch meine Fähigkeiten Kraft-Orte in unserem Weingut entdeckt, wobei Josef Georg (auch über Fotografien, die ich ihm zusandte) mich nach mentaler radiästhetischer Prüfung bestätigte.
Josef Georg ist für mich ein besonderer Mensch und ein hervorragender Könner auf dem Gebiet des Heilens mit seinen radiästhetischen Möglichkeiten und Forschungen im praktischen und mentalen Bereich.

Es wird leider von Seiten unserer Wissenschaft immer noch nicht erkannt, dass es Dinge gibt zwischen Himmel und Erde, die niemand erklären kann.
Auch unsere Familie ist durch die oben schon erwähnte schwere Krankheit meiner Mutter (Neurodermitis), welche medizinisch nicht heilbar war, ebenfalls auf die Kräfte der Natur aufmerksam geworden. Nun, meine Mutter ist wieder gesund und kein Arzt hat bisher nachgefragt, warum meine Mutter wieder frei von Beschwerden ist. Heilmagnetismus und weitere Heilkräfte in der Natur wurden bereits von einigen hochentwickelten Naturvölkern in früheren Zeiten angewendet. In vielen Fällen war es die einzige Möglichkeit in extremen Regionen, zum Beispiel in der Himalaya-Region, die strengen Winter zu überleben. Leider ist in späterer Zeit, bedingt durch die moderne Hochleistungsmedizin, viel verloren gegangen.

Josef Georg ist mit Sicherheit ein großer Pionier in unserer Zeit und hat sein Wissen auf diesem Gebiet einer breiten Bevölkerung, durch Vorträge, Presse, Fernsehen und seinen Büchern und Schriften nahe gebracht.

Doch möchte ich noch abschließend auf die Wichtigkeit von ärztlichen Diagnosen hinweisen. Gute Heilpraktiker können viele Krankheiten selbst erkennen und auch behandeln. Die rechtliche Absicherung ist in Westeuropa dennoch sehr wichtig.

Diplom-Ingenieur Josef Schachhuber
Weingut Schachhuber
Laarstr, 4
A-2054 Haugsdorf

Was versteht man unter Radiästhesie?
Einführung in die Radiästhesie nach E. Laub

Radiästhesie – keine Spinnerei

Zunächst ein Ausspruch von Papst Pius XII 1942 in einem Dekret über Radiästhesie

„Die Arbeit mit Rute und Pendel kann gefährlich werden, wenn Stolz, Neugierde, Unbeherrschtheit oder Gewinnsucht ein Beweggrund sind. Wenn aber ein Christ ganz den Willen Gottes tun will, sich bei der radiästhetischen Arbeit durch das Gebet schützt, wenn er diese Instrumente also nur im natürlichen Bereich – für die Werke der Liebe – zur Brunnensuche oder zur Wohnungsuntersuchung verwendet, so ist diese Arbeit auch von der Kirche gutzuheißen"

Papst Pius XII

Radiästhesie ist zwar keine wissenschaftliche Methode, aber auch keine Spinnerei. Niemand wird leugnen, dass es Strahlen gibt: wie Sonnenstrahlen, Röntgenstrahlen, Radio- und Fernsehstrahlen, Radarstrahlen, UV Strahlen, Alpha-Beta-Gamma- Strahlen, kosmische Strahlen und andere mehr. Es existieren auch Bodenstrahlen oder Erdstrahlen über Wasseradern, Verwerfungen, Brüchen, Erzen, Kohlen. Max Planck sagte, wie viele Jahre vor ihm Freiherr Carl v. Reichenbach: *„Alles strahlt".*

Wie diese Strahlen zustande kommen, wurde von der Forschung bis heute nicht geklärt. Die heutige Radiästhesie versucht, ihre Wirkung durch empfindliche Geräte nachzuweisen. Der Ruteneffekt wurde von Prof. Dr. König aus München wissenschaftlich belegt. Freiherr Karl von Reichenbach gab vor ungefähr 150 Jahren diesen Strahlen den Namen Od. Dieser Name geht zurück auf den nordischen Sonnengott, der germanischer Abstammung war. Damals wusste man zwar über den magnetischen Nordpol Bescheid, mit den Abstrahlungen

K.v.Reichenbach

der Erde konnte man jedoch nicht viel anfangen, so wenig wie mit den kosmischen Strahlen. Die Energieübertragung von Mensch zu Mensch nennt man heute noch Odkraft. Dahinter verbergen sich elektromagnetische Felder.
Über die terrestrischen Strahlen weiß man heute ziemlich viel. Man kann sie zum Teil analysieren und spricht von Alpha- Beta- Gammastrahlen und Röntgenstrahlen, von Mikro, Kurz, Mittel- und Langwellen. Aber wir kennen noch lange nicht alle Strahlen die existieren.

Welchen Zweck erfüllen Rute und Pendel?

Jeder Körper strahlt, hat seine Eigenschwingungen und dadurch seine eigene Frequenz. Die Radiästhesie hat ihr Gesetz in der Resonanz. Der Mensch wird täglich 24 Stunden ca. 100.000.000 verschiedenen Strahlen vom Mikro- bis zum Makrobereich ausgesetzt, die in ihrer Verschiedenheit jede Materie durchdringen. Durch ihre Geschwindigkeit beim Durchströmen des menschlichen Körpers wird die Grundfrequenz der Zelle gereizt, die dadurch ihre Frequenz verändert, die in ihre Grundfrequenz zurückfällt und somit in Harmonie bleibt. Diese Strahlungen kann man wegen ihrer hohen Geschwindigkeit mit Rute und Pendel nicht feststellen.

Ganz anders verhalten sich Kraftfelder, Strömungen und Schwingungen, die sich in der Erde entwickeln und an die Oberfläche treten. Diese haben unterschiedliche Intensitäten, die an Mensch, Tier und Pflanze verschiedene Wirkungen zeigen. Ihr Ursprung ist verschieden, er liegt zum Beispiel in Erzlagern, Kohlenflözen, Erdöllagern, Minerallagern, Wasseradern, Verwerfungen, Gebirgsbrüchen oder Grubenstollen.

All diese Lager, Adern oder Verwerfungen senden Strahlen an die Erdoberfläche, die stehende Wellen besitzen und verschiedene Stärken zeigen, die harmonisch oder disharmonisch auf das Leben wirken – dies sind die Orte der Kraft. Diese Schwingungen, Strömungen und Magnetfelder kann man mit Rute und Pendel feststellen, lokalisieren und ihre Art und Intensität messen.

Man weiß heute, dass viele der uns bekannten Strahlen einen schädlichen Einfluss auf Menschen ausüben. Wir brauchen nur an die radioaktiven Strahlen (Atomstrahlen) oder elektromagnetischen Wellen zu denken. Erdstrahlen wirken auch negativ. Wie sie entstehen, kann man sich so vorstellen: bekanntlich entsteht durch Reibung Elektrizität. Unterirdisch fließendes Wasser ist durch die Reibung an den Wänden ein guter Leiter, es wird elektromagnetisch aufgeladen. Diese Strahlen steigen senkrecht in die Höhe. Diplom-Ingenieur Endrös bezeichnet die senkrechten Strahlen als thermische Neutronen. Darüber gibt es die sogenannten Schrägstrahlen mit einem Strahlungswinkel von 45 – 70 Grad. Die senkrechten Strahlen, die besonders in Brüchen und Verwerfungen auftreten, sind die krankmachenden, sie können Blutbild, Herzfrequenz, Biorhythmus und die Zellstrukturen verändern.

Die Stärke der Wasserader wird in Zahlen ausgedrückt. Erdstrahlen verstärken sich in Häusern, deren Decken aus Stahlbeton bestehen. Durch Stahl werden Strahlen gespalten, und somit entstehen die sogenannten Scheerwellen. Demzufolge kann man sich vorstellen, welche geballte Ladung sich in einem Hochhaus bilden kann. Es gibt Geräte, die das Vorhandensein von Erdstrahlen registrieren, wie das UKW- Feldstärkemessgerät oder das Szintillometer. Aber eine Analyse der Strahlen ist bis zum heutigen Zeitpunkt nicht möglich. Leider geben sich Wissenschaft und Forschung wenig Mühe, diese Lücke zu schließen.

Die einfachsten Geräte, mit deren Hilfe man Erdstrahlen feststellen kann, sind Rute und Pendel. Nicht jeder kann damit umgehen. In der Hand von ungeschulten Sensitiven sind es bedeutungslose Instrumente, in der Hand von geschulten Sensitiven werden sie zu aussagekräftigen Instrumenten. Goethe drückte das so aus: *„Wünschelruten sind hier, nicht zeigen am Stamm sie an die Schätze, nur in der fühlenden Hand regt sich das magische Reis."*

Mit Magie hat das Ruten allerdings nichts zu tun, sondern mit Strahlenfühligkeit, der Radiästhesie. Wer neben dieser Naturbegabung über das notwendige Grundwissen verfügt, kann mit Rute und Pendel erfolgreich arbeiten.

Dass die Radiästheten heute noch in den Bereich des Rätselhaften und Okkulten eingeordnet werden ist bedauerlich.

Vielleicht sollten sich Forschung und Wissenschaft zu Herzen nehmen, was Goethe unverbesserlichen Skeptikern sagte:

„Daran erkenn ich die gelehrten Herrn:
Was ihr nicht tastet, steht euch meilenfern.
Was ihr nicht fasst, das fehlt euch ganz und gar.
Was ihr nicht rechnet, glaubt ihr, wie nicht wahr."

Radiästhesie – was ist das?

Der Name „Radiästhesie" kommt aus dem Griechischen: *radi* = Strahlen, *ästhesie* = Fühligkeit, also „Strahlenfühligkeit". Das Wissen um diesen Bereich, das in unserer heutigen Gesellschaft immer mehr an Bedeutung gewinnt, ist uralt. Menschen, die radiästhetische Fähigkeiten besitzen, müssen empfindsam, feinfühlig, sensibel, sensitiv sein, um Strahlungen und Impulse wahrzunehmen, zu analysieren und darzustellen.

Das Medium der Radiästhesie sind Rute und Pendel. Es spielt keine Rolle, aus welchem Material sie bestehen, ob aus Holz, Metall oder Kunststoff, der Radiästhesist selbst muss herausfinden, was für ihn am besten geeignet ist.
Die Radiästhesie ist ein sehr weit gefächertes Gebiet innerhalb der Geophatie und der Geobiologie. Sie befasst sich mit elektromagnetischen Feldern, die als Reizstreifen oder Reizzonen durch ihre unterschiedliche Intensität und Frequenz harmonisch oder krankmachend auf Mensch, Tier und Pflanze wirken.
Die Radiästhesie führt in die materielle und die mentale Welt, in Schwingungen grobstofflicher und feinstofflicher Natur.

Man ordnet die Radiästhesie in das Gebiet der Geisteswissenschaft ein. Sie ist Vermittler zwischen Geist und Materie.
Die Radiästhesie berücksichtigt 11 verschiedene Aspekte:

1. chemische
2. geologische
3. mineralogische
4. hydrologische
5. botanische
6. biologische
7. medizinische
8. psychologische
9. meteorologische
10. kosmische
11. archäologische

Diese Aspekte können von talentierten Radiästheten erfolgreich ausgewertet werden, wenn das Talent durch harte Arbeit weiterentwickelt wird.
Die Diagnose mit Rute und Pendel lässt sich am sogenannten Globalgitternetz und Curry-Netz nachvollziehen, das in der Art eines Rasters über der Erde liegt, sich aber den örtlichen Gebirgszügen anpasst und aus dem Kosmos gesteuert wird.
Es wird vermutet, dass die Planeten und der Van-Allen-Gürtel an der Struktur des Gitternetzes teilhaben, selbstverständlich hat die Erde auch einen Anteil daran.

Die terrestrischen Strahlungen haben unterschiedliche Arten. Die reflektierenden kosmischen Einstrahlungen, die natürlich sind, sowie Strahlungen, die zivilisatorischer Herkunft sind, können grobstofflich oder feinstofflich sein.
Alle genannten Strahlen, die für den Organismus schädlich oder unfährlich sind, können mit den Hilfsmitteln Rute und Pendel lokalisiert und analysiert werden – zum Wohle des Menschen, von Flora und Fauna.

Wie wirken Erdstrahlen und Reizzonen auf den Organismus?

Alle Strahlen bestehen aus stehenden Wellen, haben ihre eigene Intensität und Höhe. Aktiviert werden diese Strahlen durch die Sonne, durch den Mond und durch kosmische Einflüsse, die je nach Phasen mehr oder weniger intensiv einwirken, sodass diese wieder verstärkt reflektiert werden. Der Energieaustausch verhält sich genauso mit dem Global- und Curry-Netz, nur mit dem Unterschied, dass sie die Breiten der Netzgitter verändern, zum Beispiel von der normalen 20 cm Breite auf 2 cm Breite, die eine gewisse Laserwirkung besitzt und die dementsprechend auf den Organismus einwirkt. Wenn sich ein Mensch oder ein anderes Lebewesen längere Zeit und fortdauernd in solchen Reizzonen aufhält, wird es krank.

Wie wirken Erdstrahlen auf Menschen und Pflanzen?

Schläft ein Mensch über Reizzonen, so fühlt er sich am Morgen matt, hat Kopf- und Gliederschmerzen, in der Nacht findet er keinen Schlaf. Man nennt diese Krankheit Erdstrahlenkrankheit. Diese kann man mit natürlichen Heilkräutern behandeln, zum Beispiel mit Holunder, Farn, Brennnessel, Mistel und anderen.

Diese Pflanzen gedeihen am besten auf Reizzonen, und hier bewahrheitet sich das homöopathische Gleichheitsgesetz: Gleiches mit Gleichem behandeln, um therapeutisch Erfolg zu haben.

Pflanzen und Bäume, die als Reizzonenflüchter gelten, gedeihen nicht auf diesen Zonen, sie weichen den Strahlen aus, bekommen Krebsgeschwüre, sie drehen sich, wie ein Korkenzieher (Zwieselbäume), oder sie verenden. Wo Efeu wächst, dort befinden sich Verwerfungen.

Wie wirken Erdstrahlen auf Tiere?

Reizzonenflüchter sind Hunde, Schweine, Pferde, Kühe, Hühner und nahezu die meisten Vögel. Man sagt im Volksmund: Wo Schwalben und Störche sich niederlassen und nisten, dort lässt es sich gesund wohnen! Man beobachte im Haus den Hund. Wo er sich am liebsten aufhält, ist ein guter und neutraler Platz.

Seit über 5000 Jahren ist die Hauskatze unser treuer Begleiter

Reizzonensucher sind Katzen, Bienen, Ameisen, Biber, Schlangen, Termiten und Insekten, deren Produkte in der Heilkunde Verwendung finden, zum Beispiel Ameisensäure, Bienen- und Schlangengift, die verdünnt und potenziert verabreicht werden.

- Wo sich Katzen am liebsten aufhalten, dort sind Reizzonen. Das direkte Zusammensein mit diesem Tier (Katzenfell) wirkt sich positiv auf verschiedene Krankheiten aus, zum Beispiel auf den rheumatischen Formenkreis.
- Die Bienen verhalten sich auf Reizzonen sehr aktiv. Wenn ein Imker den Bienenstock auf eine stark frequentierte Reizzone bringt, zum Beispiel im Hochspannungsbereich, reagieren die Bienen bösartig, stechen und werden unberechenbar.
- Die Ameisen bauen ihre Hügel aus zusammengetragenen Ästen und Zweigen, am liebsten auf sehr stark frequentierten Kreuzungen von Wasseradern. Wird ein Ameisenvolk verjagt, sucht es sich eine andere Stelle über einer Reizzone, um dort eine neue Wohnung aufzubauen.
- Schlangen halten sich am liebsten dort auf, wo es warm ist und starke Reizzonen sind. Das Gift wird durch die starke Strahlung aktiviert.
- Insekten, die sich zu Tausenden bei schönem Wetter konstant auf einem Platz in der Luft als eine Insektensäule bewegen, befinden sich über Reizzonen, die aktivierend und harmonisch auf sie wirken. Man sollte sich mehr mit der Natur verbunden fühlen, sie sagt uns, wie wir uns verhalten sollen.

Selbstverständlich spielen auch andere Faktoren eine Rolle: Raumausstattung, Wetterlage, Baustoffe, elektromagnetische Felder, und geopathogene Reizzonen. Bei einem Menschen, der dauernd solchen Strahlen ausgesetzt ist, vermindert sich die Abwehrkraft, verändert sich die Zellstruktur in ihrer Polarität und Teilung. Es entsteht ein allgemeines Unwohlsein, ohne ersichtlichen Grund.
Die Krankheit kommt erst nach einer gewissen Zeit zum Ausbruch. Daher ist es wichtig, auch solche Ursachen in Betracht zu ziehen.

Einführung in die Radiästhesie nach Ernst Laub

Über die Radiästhesie gibt es eine Fülle von Literatur. Bei der Lektüre stieß ich auf den Schweizer Anton Ernst Laub, den sein umfangreiches Wissen auf dem Gebiet der Naturwissenschaften und die fast zwanzigjährige Redaktion der „Radiästhesie-Zeitschrift BSG St. Gallen" weit über die Grenzen seines Landes hinaus bekannt machten. Er hielt Kurse und Referate über Radiästhesie im In- und Ausland. Schließlich drängten ihn seine Hörer, ein Buch über die Radiästhesie zu schreiben. So entstand die „Werksmappenkollektion" über alle Gebiete der Radiästhesie, die nach seinem Tod 1977, nach Auswertung seines Nachlasses, als Standardwerk erschienen ist.

Ziel des Werkes ist es, die Radiästhesie nach dem Stand der wissenschaftlichen Erkenntnis von heute zu erklären, damit dem Scharlatanismus der Boden entzogen wird, und die Radiästhesie die ihr gebührende Anerkennung findet.

Im folgenden Teil, dem die Gedanken von Ernst Laub zugrunde liegen, will ich versuchen, Ihnen die Radiästhesie zu erschließen, indem ich den folgenden Fragen nachgehe:

1. Was versteht man unter Radiästhesie?
2. Welche Rolle spielen Begabung und Wissen beim Pendeln?
3. Wie soll die Wünschelrute beschaffen sein?
4. Inwiefern ist die Wünschelrute ein brauchbares Instrument?
5. Wie kommt das Ausschlagen der Rute zustande?
6. Welche Methoden sind geeignet für die Mutung auf freiem Gelände?
7. Wer eignet sich als Rutengänger?

Radiästhesie eine Wissenschaft ?

Der Ausdruck Radiästhesie wurde 1930 von Abbé Bouly, Pfarrer in Hardelo (Dep. Pas de Calais) im Norden Frankreichs geprägt. Er bezeichnet eine besondere Empfindsamkeit für unsichtbare Strahlen, die von allen chemischen Elementen wellenförmig ausgehen und die von Menschen, sei es mit der bloßen Hand oder mittels Pendel und Rute, wahrgenommen und nach bestimmten Gesetzen und Methoden gedeutet werden können.

Abbé Bouly

Strahlenfühligkeit ist somit eine Fähigkeit aller organischen Lebewesen. Sie richtig zu beherrschen ist eine Kunst, sie bewusst anzuwenden eine Wissenschaft. Sie gehört unbestritten zu den Geisteswissenschaften, deren Materie Teil der ungeheuren und noch kaum erforschten 4. Dimension ist. Sie umfasst das Gebiet der außersinnlichen Welt.

Der Große Brockhaus gibt in Band 9 folgende Erklärung:

„Radiästhesie ist die Bezeichnung für die Fähigkeit von Wünschelrutengängern und Pendlern und für die Kunde von „Strahlenwirkungen", die von belebten und unbelebten Objekten ausgehen und von Sensitiven (Radiästheten) festgestellt werden. Radiästheten sind fähig, als biologische Indikatoren auf Erdstrahlen zu reagieren, die von unterirdischen Wasservorkommen, Metallen, und anderem mehr, ausgehen. Auch Fotografien, Medikamente, der menschliche Körper und ähnliches werden mit der Rute und dem Pendel untersucht, um Charaktereigenschaften, Krankheiten und geeignete Heilmittel herauszufinden."

Die ernsthafte Forschung auf diesem wissenschaftlich noch nicht anerkannten Gebiet versucht Täuschungen und pseudophysikalische Mythologien von Tatsachen zu trennen. Die Parapsychologie zieht zur Erklärung positiver Leistungen der Radiästhesie auch Hellsehen in Erwägung.

Welche Rolle spielen Begabung und Wissen beim Pendeln?

Die praktische Radiästhesie besteht in der Kunst, diese Begabung als Wissenschaft auszuüben. Radiästhesie ist das natürliche Erfühlen von Strahlen, welche unsere physikalischen Geräte noch nicht erfassen, die vorerst nur mit der Feinfühligkeit der menschlichen, tierischen oder pflanzlichen Zelle wahrgenommen werden können.

Diese Fähigkeit, Strahlen zu erfühlen, ist jedem sensitiven Nervensystem eigen. Dem tierischen oder pflanzlichen Organismus scheint sie in höherem Maße als dem menschlichen eigen zu sein. Nur wenige Menschen wecken diese in ihnen schlummernden Kräfte zu bestimmten Zwecken. Man nennt sie Radiästheten, Strahlenfühler oder Radiästhetiker.

Die Radiästhesie ist das Erfühlen von unsichtbaren Impulsen mit dem Pendel oder der Rute, die von außen auf das Unterbewusstsein des Radiästheten einwirken. Wie gesagt, ist sie eine Naturanlage jedes sensitiven Geschöpfes. Im Pendeln äußert sich lediglich die Realisation unterbewusster Vorstellungen. Durch die Vorstellung, dass das Pendel nach dieser oder jener Richtung über einem weißen Blatt Papier schwingen soll, werden vom Gehirn Aktionsströme ausgelöst, die das Pendel in der vorgestellten Richtung schwingen lassen.

Angesichts der sich von Tag zu Tag mehrenden, nicht zu leugnenden Tatsachen auf dem Gebiet der Radiästhesie, beginnt man zu diskutieren, ob Radiästhesie eine Wissenschaft, eine Kunst oder eine Gabe sei. Die Radiästhesie ist eine Methode, die zugleich Kunst und Wissenschaft voraussetzt. Es verhält sich damit ähnlich wie mit der Medizin, der Musik und der Malerei.

Wer die Gesetze der Perspektive und die Technik des Zeichnens nicht kennt, kann trotz Begabung zum Malen kaum mehr als Mittelmäßiges auf die Leinwand bringen. Ein musikalisches Talent, das die Harmonielehre nicht beherrscht, wird nie dazu kommen, sich in der Musik überzeugend auszudrücken.

Nicht anders verhält es sich mit der Radiästhesie. Man kann sie ohne Zweifel lehren und lernen. Es wird Radiästheten geben, die mit höherer

Begabung ihre Wahrnehmungen machen, und andererseits die Masse der mittelmäßigen Radiästheten.

Ein weiterer Punkt darf nicht unerwähnt bleiben. Mancher, der die Befähigung zum Pendeln hat, verzichtet auf einen Versuch, weil er glaubt, dass er nicht über die nötige Sensitivität verfügt, von der er nie etwas gespürt hat, und die er deshalb als etwas außerordentlich Seltenes und jedenfalls bei ihm nicht Vorhandenes betrachtet.

Es gibt viele sensitive Menschen, die ihre radiästhetische Begabung noch nicht erkannt haben. Carl von Reichenbach erzählte gelegentlich, er habe seinerzeit bei seinem Aufenthalt in dem ihm völlig unbekannten Berlin innerhalb weniger Wochen 49 Sensitive zu finden vermocht, und er erwähnte beiläufig, er habe im Laufe der Jahre mit etwa 500 Sensitiven gearbeitet, die ihm zum Teil freiwillig -das heißt- ungesucht „zugelaufen" seien. Aber mit der größten Leichtigkeit hätte er 5000 zusammenbringen können, wenn es erforderlich gewesen wäre, denn Sensitive seien überall anzutreffen, man brauche gar nicht lange nach ihnen zu suchen.

Ähnliche Angaben über das Vorkommen von Pendelfähigen haben auch anerkannte Pendler gemacht. Auch viele Ärzte könnten von der Radiästhesie profitieren, hätten sie sich nicht schon längst von ihr abgewendet.

Radiästhesie heißt Strahlenfühligkeit. Fühlen gleicher Impulse, die angestrahlt werden von vibrierenden Substanzen oder Gedankenwellen. Radiästhesie heißt Strahlenfindung dank des Gesetzes der Resonanz, der Harmonie oder Sympathie. Alle unsere Sinnesorgane sind zelluläre Sender- oder Empfängerzellen, die auf Resonanz abgestimmt sind. Nur mittels der biophysischen oder mentalen Resonanz funktioniert die Verständigung von Mensch zu Mensch, von Tier zu Tier, ja sogar von Pflanze zu Pflanze und deren Querverbindungen. Das ganze Naturgeschehen im Mikro- wie im Makrobereich beruht auf den Gesetzen der Resonanz, das wiederum das Grundgesetz der Radiästhesie ist.

Die physische und mentale Radiästhesie

1. **Die physische Radiästhesie**
   Die physische Radiästhesie ist alles was man sehen und greifen kann, also die gesamte Materie. Wissenschaftler einer Atomkommission sagten: „Wir wissen, dass es Frequenzen und Schwingungen gibt, die von unseren Geräten noch nicht gemessen werden können."
   Hier sollte man Radiästhesie nicht mit Physik gleichsetzen, sie sind zwar polare Zwillinge, aber im Grunde haben sie nichts miteinander gemeinsam. Ein Physiker muss Beweise erbringen, bei der Radiästhesie verhält es sich anders. Wenn zum Beispiel zehn Radiästheten eine Diagnose stellen, deren Ergebnisse voneinander abweichen, so liegt eine Veränderung in der gestellten Diagnose vor. Ein Physiker kann nur das beweisen, was seine Geräte anzeigen. Was über diesen Frequenzen liegt, ist für ihn im okkulten Bereich – (okkult heißt verborgen).

2. **Zur mentalen Radiästhesie**:
   Ein guter Radiästhet muss sich mit physikalischer und mentaler Radiästhesie auskennen. Die Radiästhesie ist jedoch nicht ganz zu erlernen. Es gibt Wünschelrutengänger und Pendler, die sich speziell in der Wassersuche auskennen und auf diesem Gebiet gute Arbeit leisten, aber in anderen Bereichen schwach sind. Die Letzteren sind radiästhetisch nicht begabt. Die Radiästhesie ist nicht einheitlich, man denke an die 11 Aspekte der Radiästhesie.
   Man sollte sich als Radiästhet mit Zahlen,Schwingungen und Frequenzen auskennen und in der Schreibweise der Zahlen. Frequenzen werden in Hertz pro Sekunde gemessen. Nachfolgend werden die verschiedenen Frequenzen aufgeführt, von denen wir Kenntnis haben.

1 Hertz =		1	Impuls pro Sekunde
1 Kilo Hertz =		1 000	Impulse pro Sekunde
1 Mega	1 Million	$= 10^6 =$ 1 Million	Impulse pro Sekunde
1 Giga	1 Milliarde	$= 10^9 =$ 1 Milliarde	Impulse pro Sekunde
1 Gera	1 Billion	$= 10^{12} =$ 1 Billion	Impulse pro Sekunde
1 Petra	1Billiarde	$= 10^{15} =$ 1 Billiarde	Impulse pro Sekunde
1 Exa	1 Trillion	$= 10^{18} =$ 1 Trilliarde	Impulse pro Sekunde

Langsame Schwingungen:

1 Milli-Hertz	= 1 Tausendstel	$= 10^{-3}$
1 Micro-Hertz	= 1 Millionstel	$= 10^{-6}$

1 Nano	Hertz	= 1 Milliardstel	$= 10^{-9}$
1 Pico	Hertz	= 1 Billionstel	$= 10^{-12}$
1 Fento	Hertz	= 1 Billiardstel	$= 10^{-15}$
1 Atto	Hertz	= 1 Trillionstel	$= 10^{-18}$

Der Heilmagnetismus

Die Wissenschaft hat die Kräfte des Magnetismus zum Wohle der Menschen eingesetzt. Der deutsche Physiker Wilhelm Weber erkannte 1804, dass jedes Atom eines magnetischen Stoffes einen Nord- und Südpol hat. Man weiß heute bereits, dass das kleinste Teilchen des Atoms mit dem Mikrobereich unseres Sonnensystems identisch ist. Das Universum ist insgesamt eine Einheit und gehört zusammen im Energiefeld (plus – neutral – minus). Diese Energie ist potenziert. Die natürliche Erdenergie wird durch ihre Bestandteile an der Oberfläche verschiedentlich erhöht, je nachdem was sich unter der Erdoberfläche an Materie befindet.

Die Atome der Stoffe, wie Wasser, Holz und andere, können nicht zu den magnetischen eingeordnet werden, da sich die kreisenden Elektronen aufheben und sich nicht magnetisieren lassen. Die höchste Informationsrate beinhaltet das Wasser, es nimmt alles Positive und Negative im Physikalischen und Mentalen auf. Die Zelle ist sozusagen der Endpunkt der mentalen Energie. Sie ist der Übergang der menschlichen Matrix und ist so die physische Form. Der Energieimpuls kommt in sortierter Form von den Chakren, denn von dort werden die Frequenzen transportiert.

Auf dieser Ebene haben 70 Billionen Körperzellen einen elektrischen Charakter. Die Zelle besteht hauptsächlich aus Flüssigkeit, die elektrisch geladen ist. Die Zellen sind durch eine Membran getrennt. Durch Bewegung entsteht elektrische Spannung innerhalb und außerhalb der Zellen. Jedes Organ hat seine Grundfrequenz, die durch die Energie der Zellverbindung energetisiert wird. Diese Energie der Grundfrequenz lässt nicht zu, dass Informationen in den elektromagnetischen Sektor der Organe eindringen können. Die Polarität Plus – Minus muss stimmen, sonst ist eine Disharmonie vorhanden. Der pH Wert des Säure-Basen-Spiegels sollte neutral sein. Der neutrale pH Wert wird mit 7 angegeben. Der gesamte pH Bereich liegt zwischen 0 und 14, dabei liegen die Werte 0 - 7 im sauren, von 7 bis 14 im alkalischen Bereich.

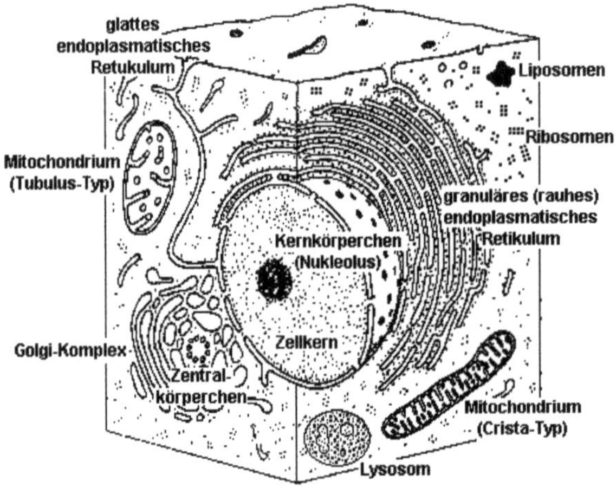

Aufbau einer Zelle

Die Frequenzen

Gedanken, Gefühle und Emotionen regulieren den pH Wert des Gehirns und beeinflussen die Hirn- und Zellfrequenzen. Die DNS reagiert auf die veränderten Zellfrequenzen und das gesamte Chakra-System. Dementsprechend ist die Aura in ihrer Reflexion der Strahlen. Jeder Mensch hat eine „Heilfrequenz", die ihn zwischen Gut und Böse unterscheiden lässt.

Die Frequenz des Heilens ist dem freien Willen untergeordnet. Ein Beispiel: wenn die Mutter ihr schreiendes Baby an sich schmiegt, wird es normalerweise ruhig. Der Grund ist die Abstrahlung – Aura der Mutter und das elektromagnetische Feld der Abstrahlung. Der Wille erzeugt die nötige Heilenergie. Die Zelle hat eine Grundfrequenz von D^{12}, das ist die Grenze zwischen Materie und Seele (diese Frequenz wurde radiästhetisch mental ausgewertet). Die Radiästhesie lässt die Seele außen vor und arbeitet nur mit der Materie. Die Grenze im Bereich Seele und Geist ist die Nichtfeststellbarkeit der Moleküle, die bei der Potenzierung im Bereich D^{38} liegen. Die Seele hat ihre Verankerung im Bereich des Solar-Plexus. Sie hält sich noch drei Tage nach dem Ableben des Menschen im Körper auf und vergeistigt sich danach.

Daher wird in der Radiästhesie die Seele im feinstofflichen Bereich ausgeklammert. Das heißt, dass mit Materie und im Mentalen, im Grobstofflichen und Feinstofflichen gearbeitet wird. Die Seele befindet sich zwar im feinstofflichen Bereich aber als Übergang von der Materie in das Mentale. Radiästhesie und Heilmagnetismus hängen zusammen und haben polare Eigenschaften. Das ist aus meiner heilpraktischen Arbeit nicht mehr wegzudenken. Da die Radiästhesie in diesem Fall Plus ist, ist der Heilmagnetismus Minus, doch beide sind potenziert und in ihrer Potenzierung verschieden in ihrer Intensität.

Das Myon – Neutrinos und die Seele

Der Mensch besteht aus Körper, Seele und Geist. In der Radiästhesie heißt es physikalisch = Materie und mental = Geist. Doch gibt es im Menschen drei Strukturen: Körper – Seele – Geist. Die Seele wird bei der radiästhetischen Arbeit nicht mit einbezogen. Die Myon – Neutrinos haben nicht nur auf die Seele einen Einfluss, sondern auch auf das Leben des Menschen, das Universum und auf alles, was sich im Universum befindet. Der Kosmos und das Universum sind ausgefüllt mit diesen Teilchen.
Neutrinos sind elektrisch neutrale Elementarteilchen mit sehr kleiner Masse. Im Standardmodell der Elementarteilchenphysik existieren drei Neutrinos: das Elektron-Neutrino, das Myon-Neutrino und das Tau-Neutrino. Der Name "Neutrino" wurde von Enrico Fermi für das zuerst entdeckte Elektron-Neutrino vorgeschlagen und bedeutet (entsprechend der italienischen Verkleinerungsform ino) kleines Neutron.

Im Menschen hat sich lediglich das Bewusstsein verändert, die Zellen und ihre Vorstufen sind von Anfang an unverändert geblieben. Der Mensch besteht aus Billionen Zellen und jede Zelle hat eine Verbindung mit dem Schöpfungsprinzip. Wenn die Zelle krank ist, entsteht im Ganzen eine Disharmonie bis zum Schöpfungsprinzip.

Aus den alten Schriften geht hervor, dass eine Ursuppe vor der Entstehung des Universums und der Erde vorhanden war. Die Myon-Neutrinos sind im ganzen Universum vorhanden und verbinden sich nach bestimmten physikalischen Gesetzen miteinander, so dass eine materielle Einheit entsteht, die der heutige Mensch als „Seele" definiert.

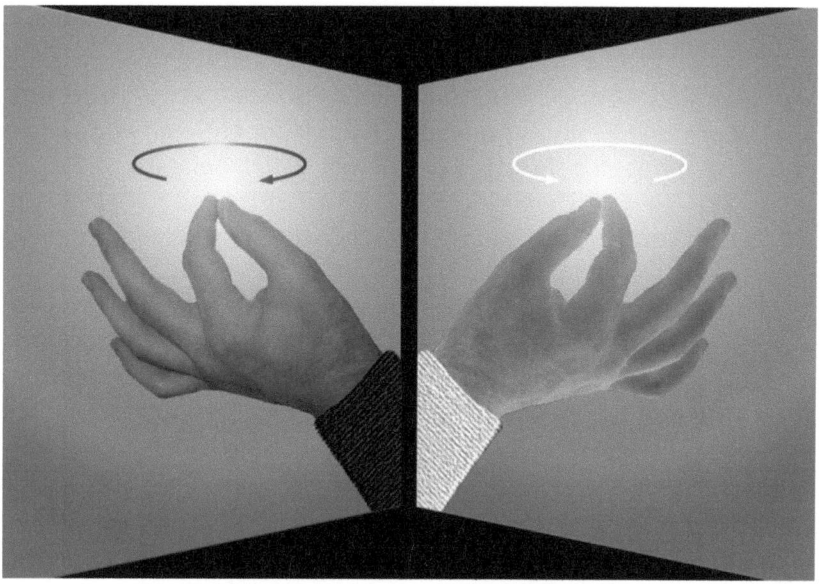

Neutrinos - positiv und negativ

Meine Tätigkeit als Heiler

Ich habe die Radiästhesie mit Rute und Pendel Mitte der 60er Jahre erlernt und mich seither autodidaktisch weitergebildet. Meine erste wichtige positive Erfahrung mit Radiästhesie machte ich 1967 mit meiner Frau, die nach der Geburt unseres vierten Kindes an Beinthrombose erkrankt war. Nach sechs Wochen schulmedizinischer Behandlung (45 Tabletten täglich) bat sie mich, sie zu magnetisieren. Das war mein erster Heilerfolg.

Die erste Patientin - schon vor meiner Praxistätigkeit - hatte eine Nierenkolik und große Schmerzen. Durch Magnetisieren von Nieren und Blase konnte ich sie schnell von ihrem Leiden befreien.
Jetzt hatte ich den Beweis, die Fähigkeit eines Heilers zu haben. Um jedoch praktizieren zu können, war eine Heilpraktikerausbildung notwendig.
1976 machte ich die Heilpraktikerprüfung und war dadurch legitimiert, meine Praxis zu eröffnen. Ich konnte am Menschen arbeiten und meine Diagnosen stellen. Schwerpunkte meiner Arbeit waren chiropraktische und heilmagnetische Therapien. Mit der Zeit erlernte ich noch viele Therapiearten, um Menschen mit Erfolg helfen zu können.
Meine Patientenzahl stieg sehr schnell so stark an, dass meine Arbeitszeiten sehr lang wurden, Haus- und Nachtbesuche gehörten selbstverständlich dazu.
An einem Sonntagnachmittag kam ein Patient mit sehr starken Kopfschmerzen zu mir. Ich untersuchte ihn radiästhetisch und stellte fest, dass er an Gehirnbluten litt. Nachdem ich ihn magnetisiert hatte, verschlimmerten sich die Kopfschmerzen.
Ich verwies ihn sofort ins nächste Krankenhaus, wo sich meine Diagnose bestätigte und er mit Erfolg operiert wurde. Bis heute ist er gesund und arbeitsfähig. Man muss als Heiler seine Grenzen kennen.

Josef Georg Eppelborn 2012

Die Magie

Natürliche Magie nenne ich eine gewisse verborgene Kenntnis der Geheimnisse der Natur, wodurch man, wenn man die Natur, die Eigenschaften verborgener Kräfte, Sympathien und Antipathien der einzelnen Dinge erkannt hat, gewisse Wirkungen hervorrufen kann, die denjenigen, welche mit den Ursachen unbekannt sind, seltsam oder sogar wunderbar erscheinen.
(Caspar Schott SJ 1608-66 – Magia universalis naturae et artis 1657)

Der Ursprung der Magie scheint im freien Willen des Menschen zu liegen. Das Gute ist weiße Magie und das Böse ist schwarze Magie. Es ist ein Geschenk des Schöpfers an uns Menschen , um uns auf dem Lernplaneten Erde besser zu Recht zu finden. Man weiß, dass das Feinstoffliche - Mentale, göttlich ist, und das Grobstoffliche - Physikalische satanisch. Gott hat uns Menschen den freien Willen gegeben, ein Zeichen seiner Liebe zu uns.

Die Materie, auch Matrix genannt wurde beim Fall Luzifers = Lichtengel oft beschrieben. Luzifer war der strahlendste und vollkommenste Engel, den Gott erschaffen hatte. Doch er wollte sich nicht mit der dienenden Rolle begnügen. Er maßte sich die höchste Autorität an und begehrte an Gottes Stelle, den Himmel zu beherrschen.
Man geht davon aus, dass Luzifer das Universum und Gott das Feinstoffliche, geschaffen hat. Das ist die Urpolarität Plus und Minus. Die Nullenergie mit ihrer Anfangsfrequenz von 10^{56} ist in diesem Fall die primitivste Energieform überhaupt.

Meine Erfahrungen mit Magie

Meine ersten persönlichen Erfahrungen mit Magie habe ich nach jahrelanger Arbeit mit Radiästhesie und Heilmagnetismus im Januar 2009 gemacht.
Ich behandelte meine Frau des Öfteren ohne Erfolg und hatte bis dahin aber keine Ahnung von schwarzer Magie. Ich wusste bis zu diesem Zeitpunkt nicht, dass auf meine Frau, meine Familie und Freunde schwarze Magie ausgeübt wurde.

Ich konnte es jedoch radiästhetisch feststellen. Die Krankheitssymptome meiner Frau an Nieren, Bauchspeicheldrüse, Galle und Nerven deuteten auf schwarze Magie hin. Nach meiner radiästhetischen Diagnose wusste ich die Schmerzsymptome und das Unwohlsein einzuordnen.
Durch Zufall habe ich herausgefunden, dass die Ursache ihrer Schmerzen schwarzmagisch begründet war. Ich habe Rute, Pendel und die Einhandrute eingesetzt. Es stellten sich mir folgende Fragen:

1. Wird schwarze Magie ausgeübt?
2. Wer sind der, oder die Verursacher der schwarzen Magie?
3. Sind mir die Personen bekannt?
4. Kann ich es schaffen, nicht Gleiches mit Gleichem zu vergelten?

Ich habe Rute und Pendel solange schwingen lassen, bis aus Ja ein Nein wurde. Meiner Frau ging es daraufhin gleich besser.
Da Krankheiten bei jedem Menschen anders verlaufen, sollte das Augenmerk nicht nur auf der schwarzen Magie liegen. Die schwarzmagischen Menschen können wiederkommen und wieder Unheil anrichten. Wille, Gedanken, Worte und Taten bedingen sowohl schwarze, als auch weiße Magie.

Weiße Magie ist stärker als schwarze Magie.

Die feinstoffliche Welt möchte gefragt werden und ist keiner Bitte abgeneigt. In der Karwoche erreicht die schwarze Magie ihre höchste Kraft. Durch Gebet und Meditation lassen sich sowohl weiße Magie als auch schwarze Magie beeinflussen. Gott kann uns dabei helfen, damit das Satanische seine Wirkung verliert.

Es ist eine ewige Erfahrung, dass jeder Mensch, der Macht in Händen hat, geneigt ist, sie zu missbrauchen. Er geht soweit, bis er Schranken findet.
Montesquieu, Geist der Gesetze

Magie ist unerschöpflich, sie kann in zwei Phasen wirken.

Sie ist als Schicksal und Wille zu bezeichnen, aber beide sind stets in Disharmonie. Schwarze und weiße Magie haben viele Gesichter.
Gedanken und Worte können Menschen helfen, aber auch Schaden zufügen, denn Gedanken sind machtvoll. Gedanken sind mental.
Was ich denke, kann niemand ergründen.
Bei Worten verhält es sich anders als mit Gedanken. Gesprochene Worte sind wie Pfeile, Gedanken wie Bogen.

Ein Fallbeispiel von schwarzer Magie aus meiner Praxis: Ich begann eine Patientin mit Bluthochdruck zu behandeln, jedoch ohne Erfolg.

Erst nachdem ich mit Hilfe dieser Patientin herausgefunden hatte, dass auf mich selbst schwarze Magie ausgeübt wurde, konnte ich mich aus dem Banne dieser Person befreien und meiner Patientin zu stabilem Blutdruck verhelfen.

Schwarze Magie ist ein Verbrechen am Mitmenschen
mit unabsehbaren Folgen.

Unsere Macht ist zerstörerisch.
Wir können zwar die Schöpfung beenden und alle Menschen töten,
aber wir können keinen einzigen Menschen erschaffen.
Franz Alt, Journalist

Die Kraft des Heilmagnetismus

Ein Teil der Wissenschaftler setzt Hypnose mit Magnetismus gleich, jedoch zu Unrecht. Ich möchte Hypnose und Magnetismus glaubhaft darstellen. Die Wirkungsmechanismen von Hypnose und Magnetismus sind gleichwertig. Die Experimente „Roches" haben bewiesen, dass Heilmagnetismus und Hypnose nichts gemeinsam haben. Hypnose und Suggestion werden von Gehirn zu Gehirn übertragen, aber nicht vom Magnetismus gesteuert. Hypnose wirkt durch Willenskraft und ist daher ein rein geistiger Vorgang. Der Magnetismus ist materieller Natur. Er wirkt im mentalen Bereich. Hypnose wirkt auf Menschen und Tiere. Magnetisieren kann man Alles, zum Beispiel: Wolle, Leder, Holz, Steine, Wasser, Brot und so weiter
Man kann jede Pflanze durch Magnetisieren zu einer starken Entwicklung bringen, auch bei ungünstiger Ernährung. Pflanzen, die schon verkümmert sind, werden durch Magnetisieren wieder lebensfähig. Ein Mensch mit magnetischer Kraft braucht sich nur in der Nähe der Pflanze aufzuhalten und sie wird durch seine Kraft wieder gedeihen.

Die früheren Experimente Reichenbachs und Mesmers wurden wissenschaftlich überprüft und bestätigt. Magnetismus bedeutet Strahlen als Träger der Lebens- und Willenskraft. Diese Kraft wird heute noch von vielen Menschen abgelehnt, als Schwindel und Humbug bezeichnet. Doch wird der Magnetismus eine der Heilweisen der Zukunft sein.

„Wer heutzutage den Heilmagnetismus bezweifelt, ist nicht ungläubig, sondern unwissend zu nennen" Arthur Schopenhauer 1753.

Auch Ärzte arbeiten mit Heilmagnetismus. Früher nannte man den Magnetismus „Od".
Od ist der stoffliche Träger der Lebenskraft. Das gesunde Od lässt sich auf einen kranken Körper übertragen und heilt ihn. Das Od ist feinstofflich und der Träger des Willens, der Gedanken und der Lebenskraft. Man versteht unter Heilmagnetismus die Übertragung des Odüberschusses eines gesunden Körpers auf einen kranken.

Durch diese Willenskraft wird das Od in einem kranken Körper wiederhergestellt, denn Krankheit ist nichts anderes als eine Störung des Gleichgewichtes der magnetisch-odischen Zirkulation, die den Stoffwechsel in Harmonie bringt.

Ein Magnetiseur sollte den mentalen Magnetismus – die Odkraft – immer berücksichtigen, denn ihre Potenz lässt sich bis zur Ursache dem Schöpfungsprinzip erhöhen. Der griechische Philosoph Heraklit sagte schon 500 Jahre vor Christus: *„Das Unsichtbare ist stärker als das Sichtbare".* Als Magnetiseur sollte man den Unterschied zwischen mentalem und physikalischem Magnetismus kennen. Das Magnetisieren, ob mental oder physikalisch, kann als magische Handlung bezeichnet werden.

Bei einer magischen Therapie wird das einzelne Organ oder der gesamte Körper mit Lebenskraft angereichert. Man sollte bedenken, dass alles aus Energie besteht. Die Individuen sollten die gleiche Lebenskraft besitzen, erst dann führt das Magnetisieren zum Erfolg. Die gleiche Odkraft entsteht durch Sympathie zwischen Patient und Magnetiseur. Dabei sollte man sich mehrmals magnetisieren lassen. Wenn sich Energie = Odstrahlung = Magnetismus vermischt, bleibt der Erfolg nicht aus. Der Magnetiseur sollte eine Energieveränderung bei sich selbst vornehmen. Der Patient mag mich, wenn ich diese Energieveränderung bei mir herstelle, und ich mag den Patienten. Es ist so viel leichter zu arbeiten, wenn Vertrauen zwischen Patient und Magnetiseur herrscht. Die Zellen des kranken Körpers nehmen die Energie begierig auf, dadurch kann die Krankheit beseitigt werden. Durch Antipathie, Furcht oder Misstrauen wird die Odkraft oder der Magnetismus wirkungslos.

Es ist ein sehr schwerer Beruf, Magnetiseur zu sein. Die Kraft des Magnetiseurs wird umso stärker wirksam, je selbstloser, demütiger, bescheidener und aufopfernder er ist. Er sollte sich in Harmonie befinden und von Leidenschaften frei sein. So wird wunderschöner Od erzeugt. Nur ein solcher Mensch hat die Fähigkeit, die gestörte Ordnung der Organe und des Seelenlebens zur andauernden Gesundung der Patienten herbeizuführen.

Ein Magnetiseur bedarf der Liebe zum Menschen. Denn die Liebe ist das größte und höchste Geschenk Gottes. So sollte man seine Kraft, wenn notwendig, kostenlos zur Verfügung stellen. Der große amerikanische Mystiker und Prophet Edgar Cayse war darin ein Vorbild. Wichtig ist auch der Gemütszustand des Magnetiseurs. Er sollte Emotionen vermeiden, denn Furcht, Kummer, Traurigkeit und Zerstreutheit lähmen und schwächen die magnetische Arbeit.

Beim Heilmagnetismus ist die Willenskraft ausschlaggebend, je stärker der Wille, desto größer die Wirkung. Der Magnetismus wird durch Konzentration verstärkt. Er sollte auf die Stelle des Schmerzes gelenkt werden, um Heilung zu bewirken. Durch den absoluten Willen des Heilers entsteht beim Magnetisieren eine Ausstrahlung seines Körpers. Diese Magnetiseure sind hellsehende Personen und vom Magnetismus umflossen, ihre Aura vermischt sich mit der Aura des Patienten.

Jeder Mensch kann magnetisieren, denn jeder Mensch hat eine Ausstrahlung. Es kommt auf die Stärke dieser Ausstrahlung, den Willen, die Reinheit seiner Absichten, die Menschenliebe, die physische Beschaffenheit des Magnetiseurs und den Glauben an sein Heilvermögen an. Wenn das alles zusammenkommt ist Heilung möglich. Wenn diese Aspekte nicht vorhanden sind, ist der Heiler dem Patienten nicht von Nutzen. Er verursacht einen Schaden, der sich sehr schlecht wieder beheben lässt. Ein Magnetiseur muss bedingungslos an seine Kraft glauben. Jede Angst und Unsicherheit schwächt seine Kraft und vermindert die Aufnahme des Kranken.
Mit einer starken Willenskonzentration kann er den Magnetismus – das Od – oder die Lebensenergie fördern, denn Magnetismus – Od – ist verdichtetes Prana. Diese Kraft muss trainiert werden. Zunächst sollte der Heiler Wasser, Stoffe und Kristalle magnetisieren, dadurch wird seine Kraft stärker.

Man kann dies auch an Pflanzen oder einer Versuchsperson üben. Die Wirkung bleibt nicht aus. Diese Therapie ist so alt wie die Menschheit. Diese Heilweise war zu jeder Zeit anerkannt und wurde gepflegt, obwohl die religiösen Strömungen die Wirkungen verschleiert oder einem göttlichen oder satanischen Einfluss zugeschrieben haben. Unsere Wissenschaft leugnet die Möglichkeit einer Heilung durch Übertragung einer Kraft von einem Menschen zum anderen. Der Arzt Friedrich Anton Mesmer (1734 – 1815) hat die magnetische Heilweise vor Wissenschaftlern demonstriert. Mesmer hatte an einer Berliner Universität einen Lehrstuhl für Magnetismus. Auch Männer wie Hufeland und Ennemoser ,die Professoren Rasse, Kiefer und Eschemayer waren von der Heilweise des Magnetismus überzeugt.

Warum wird diese Heilweise in Deutschland von vielen abgelehnt? Ich hielt vor Jahren in Nürnberg einen Vortrag über Magnetismus und Radiästhesie. Ein Russlanddeutscher erzählte mir in der Pause, dass er in Kasachstan einen Lehrgang über Magnetismus besucht hatte, und dass in der gesamten Sowjetunion zu dieser Zeit 28 Lehrstühle für Magnetismus vorhanden waren. Des Weiteren meinte er, dass er meinen Vortrag hören wollte, was ich darüber zu sagen hätte. Am Ende der Veranstaltung kam er wieder zu mir und meinte wörtlich: *„Was Du vorgetragen hast, war für mich Neuland"* und er umarmte mich.

Der Magnetismus ist in der Therapie weitreichend und unerschöpflich. Reichenbach nahm 10 Jahre nach Mesmers Tod die Untersuchungen wieder auf und wurde von vielen Seiten angefeindet. Dadurch wurde die Gründung eines Lehrstuhles vereitelt.

Wie schon erwähnt, wurde der Heilmagnetismus von jeher anerkannt oder bekämpft. Wir sind in einer Zeit angekommen, in der die Naturheilkunde sehr große Fortschritte macht und von vielen akzeptiert wird. Die Menschen merken, dass vieles nicht mehr so weitergehen kann und wenden sich alternativen Heilmethoden zu.

In einer Naturheilpraxis, so wie ich und meine Kinder sie führen, wird nicht nur magnetisiert, es werden noch andere Therapieformen angewendet. Der kranke Mensch geht zum Heilpraktiker, zum Naturkundigen, dazu gehört auch der Magnetiseur. Seine heilmagnetische Kraft kann diesem Menschen Heilung bringen. Ein Magnetiseur kann inneren und äußeren Krankheiten Einhalt gebieten, er kann Wunden schließen die schon einige Jahre alt sind.

Auch einer kranken Seele kann er Trost und Hilfe geben. Man kann jeden Menschen vom Tag der Geburt bis ins hohe Alter magnetisch behandeln. Menschen sind grundsätzlich verschieden, es gibt keine Menschen die sich gänzlich gleichen, auch eineiige Zwillinge nicht. Auch sind Empfindungen heilmagnetisierter Personen verschieden. Die einen verspüren Wärme beim Behandeln, die anderen Kälte. Wird ein magnetisierter Mensch müde, sollte er ruhen oder schlafen.

Die Behandlung sollte nicht unter 5 Minuten und nicht über 10 Minuten dauern, denn eine magnetische Überladung ist zu vermeiden. Eine Überladung erzeugt gegenteilige Wirkung. Hier sollte Schwere und Dringlichkeit beachtet werden, und die Behandlung, wenn möglich nochmals am gleichen Tage wiederholt werden, aber wöchentlich nur zwei bis viermal. Einen geübten Magnetiseur vermögen 10 – 12 Patienten täglich nicht zu ermüden. Er sollte aber vorsichtig sein mit ständiger Kräfteabgabe, denn sie schwächt auf Dauer auch seinen Körper. Bei einem Menschen der Schmerzen hat und in Not ist, sollte der Magnetiseur seine ganze Kraft einsetzen.

Jeder Magnetiseur sollte auf 3 Regeln achten

1. Er sollte Vorsicht üben, sich mit seinen Händen nicht selbst berühren, sonst kann es zur Übertragung der Krankheit des Patienten kommen.
2. Er sollte die Polarität beachten,
3. Er sollte auf seine Kraft achten, um sich nicht zu verausgaben.

Zu 1) Zu einem Magnetiseur kommen Menschen mit verschiedenen Krankheiten. Er sollte medizinisch so bewandert sein, dass er seine Grenzen kennt und seine Patienten von Fall zu Fall an die Schulmedizin verweist.

Zu 2) Die Polarität sollte beachtet werden, auch die Energie plus und minus. Der weibliche Teil ist umgekehrt zum männlichen Teil. Beim männlichen Teil ist positiv rechts, beim weiblichen Teil ist positiv links.

Vor und nach jeder Behandlung sollten die Finger ausschleudert und die Hände mit Wasser und Seife gereinigt werden. Sie sollten trocken und warm sein. Auch sollte er auf reinen Atem achten.
Ein Magnetiseur kann einen psychisch erregten Patienten durch seinen Blick beruhigen. Bei Geisteskrankheiten kann der Magnetiseur nur bedingt helfen. Der Blick, beziehungsweise das Auge des Magnetiseurs ist eine große Odquelle. Es gibt aber nur wenige Geisteskrankheiten, bei denen ein Magnetiseur erfolgreich wirken kann.

Polarität

Man sollte beim Magnetisieren stets darauf achten, dass die Polarität stimmt. Beim Mann rechte Seite „Plus" und linke Seite „Minus". Bei einer Frau, ist die Polarität umgekehrt. Bekanntlich stoßen sich gleichnamige Pole ab, während sich ungleichnamige Pole anziehen. Beim Magnetisieren wird Lebenskraft in die kranken Organe oder in den gesamten Organismus transportiert. Der Patient sollte vor der Behandlung aufgeklärt werden, dass es zu einer Erstverschlimmerung kommen kann. Schmerzen sind ein Zeichen, dass die Behandlung zum Erfolg führen kann. Schmerz und Verschlimmerung sind als Reaktion zu bewerten. Treten sie auf, sollte der Patient eine Behandlungspause einlegen.

Die Apotheke des Magnetismus

Der Magnetiseur hat seine eigenen Heilmittel, die er verwendet. Sie sind unschädlich und wirksam. Sie bestehen aus Wasser, Öl, Kohle, Flanellstreifen, Watte und Papier. Diese Mittel sind einfach und haben schon oft große Schmerzen gelindert oder gar beseitigt.
Wasser kann für Umschläge oder als Bäder verwendet werden. Es sollte polarisiert sein, das heißt „plus und minus" sollten in ihrer Schwingung gleich sein, um Wirkung zu erzielen. Diese Art der Schwingungen – plus und minus – sollten polar sein, was von einem Radiästheten ausgewertet werden kann. Die Polarisation bewirkt im Körperinneren, dass diejenigen Blut- und Nervenzellen mit Magnetismus angereichert werden, die die wenigste Lebensenergie besitzen.

Ein Glas Wasser wird 5 Minuten magnetisiert. Die Fingerspitzen der rechten Hand 1-3 Zentimeter vom Wasserspiegel entfernt, dann ebenfalls mit der rechten Hand 7-12 langsame Striche über die Wasserfläche zu der linken Hand unter dem Glas. Dabei kommt es auf den Willen und die Konzentration des Magnetiseurs an. Kramer nannte das magnetisierte Wasser „Universalmedizin".

Magnetisches Wasser sollte nur in kleinen Mengen(etwa 2 Esslöffel), etwa alle paar Stunden verabreicht werden. Man nehme keinen Metalllöffel, sondern einen Löffel aus Glas, oder Kunststoff. Im Krankheitsfalle kann die Dosis erhöht werden.
Alle Flüssigkeiten lassen sich magnetisieren, denn jede Flüssigkeit nimmt den Magnetismus an. Bei Halsschmerzen hat sich Wasser zum Gurgeln gut bewährt, ebenso bei Schlafstörungen.

Stoffe, die bereits magnetisiert waren und angewendet wurden, müssen für den nächsten Heilungsgebrauch nochmals magnetisiert werden. Diese Substanzen dürfen nur jeweils dreimal verwendet werden. Am besten wäre es, sie jedes Mal zu erneuern. Diese Stoffe sollten vor fremden Personen geschützt werden, sie sollten lediglich vom Magnetiseur und dem Patienten berührt werden, um eine ungünstige Beeinflussung zu vermeiden. Auch sollten sie lichtgeschützt aufbewahrt werden.

Ich arbeite seit 1968 mit großem Erfolg mit Heilmagnetismus und berichte hier über meine Erfahrungen, denn jeder Magnetiseur arbeitet anders.
Als Magnetiseur sollte man seine Grenzen kennen und je nach Schwere der Erkrankung den Patienten zum Arzt oder ins Krankenhaus verweisen.

Die Diagnose mit Rute und Pendel ist genauer als vieles andere, wenn man den Umgang mit ihnen beherrscht. Der Körper des Menschen sollte in einer Energie-Harmonie sein. Ist der Körper energieschwach, ist er dem Angriff von Viren und Bakterien hilflos ausgeliefert.

Heiler auf den Philippinen achten zuerst auf den Energiekörper des Menschen, der sich zwischen Seele und Zelle bewegt. Er ist ein polarer Zwilling, der im Menschen verankert ist. Der Energiekörper kann sich nach allen Seiten des Körpers verschieben. Ich arbeite mit dem Energiekörper seit den 80er Jahren sehr erfolgreich. Mit Rute oder Pendel prüfe ich Energiekörper und Verankerung , messe anschließend die Energie, und weiß dann mit dem Energiekörper umzugehen. Ich justiere ihn mit den Händen im mentalen Bereich. Mich interessiert beim Behandeln die Energie der Organe und ob der Energiekörper im Menschen wieder hergestellt ist. Wenn die Energie im Körper des Menschen wieder verankert ist, kann ich meine Diagnose stellen. Ich beherrsche auch andere Therapiearten, doch kann ich nicht jedem Patienten helfen.

Bildliche Darstellung des Energiekörpers

Magnetismus

Gliederstrecken in der Nacht

Es geht wie von selbst, das Strecken der Glieder, ob man ruhig im Bett liegt oder sich seitlich dreht, jedes Mal streckt man sich. Dagegen ist das Strecken am Tage sehr selten. Wenn man tagtäglich radiästhetisch und elektromagnetisch arbeitet, ist das Strecken in der Nacht eine Selbstverständlichkeit, dagegen ist es am Tag seltener der Fall. Was bewirkt das Strecken beim Menschen?

Die Zellen

Das Strecken der Glieder hat Einfluss auf die Zellen. Die Zellen bestehen aus Molekülen, die Moleküle bestehen aus Atomen. Jedes Organ hat seine eigene atomare Struktur. Durch das Gliederstrecken werden die Zellen energetisch geladen. Da der Mensch aus Zellen besteht, ist jede Zelle ein Kraftwerk im Mikrobereich. Die Körperzellen der einzelnen Organe schwingen auf verschiedenen Frequenzen, zum Beispiel hat die Milz eine andere Frequenz als das Herz.

Die Energie im Menschen

Jede Zelle ist ein Kraft-Ort, der im menschlichen Körper mehr oder weniger Energie beinhaltet. Vitamine, Fette, Eiweiße bilden eine Energieform, die der Mensch als Nahrung zu sich nimmt. Man nennt diese Energieform Energiekörper. Dieser energetische Körper kann sich nach allen Seiten verschieben oder auch aus dem Körper austreten. Der Energiekörper hat eine Verankerung, die sich als „Silberschnur" nach allen Richtungen ausbreitet. Diese Verankerung oder Silberschnur nimmt vom Solarplexus nach außen zum Energiekörper Verbindung auf. Das gleiche gilt auch für die Seele

Ich nenne den Energiekörper das negative Energiefeld im Körper eines Menschen und die Seele das Positive. Daher sind diese beiden polare Zwillinge.

Verschiebt sich der Energiekörper, sind die Organe energetisch geschwächt. Nur die Zellen behalten ihre Energie durch die atomare Struktur. Die energetische Situation ist zu schwach, hier kommt es auf die Funktion der Thymusdrüse und die Konstitution des einzelnen Menschen an. So ist auch das Angriffsziel für Viren und Bakterien gegeben, denn das Immunsystem ist durch die Verschiebung des Energiekörpers geschwächt.

Ist das das Gehirn durch Verschiebung des Energiekörpers energetisch zu schwach, können unsere Organe nur mit dieser geschwächten Energie arbeiten. Es kann zu Blockaden der Wirbelsäule und anderen Krankheiten kommen.

Die Gesundheit des Menschen

Zur Gesundheit des menschlichen Körpers gehört die Befreiung von Schlacken und Ablagerungen. Diese Ablagerungen sind in Körperzellen, Gefäßen, Gewebe, Drüsen und Organen zu finden. Gesundheit kann es nur durch Schlackenfreiheit geben. Der ph-Wert spielt dabei eine entscheidende Rolle. Der ph Wert von 0 –7 ist sauer, 7 ist neutral,
von 7 – 14 basisch = alkalisch.

Auch ein ausgewogener Mineralstoffhaushalt trägt zur Gesundheit von Körper, Seele und Geist bei. Unsere Mineralstoffdepots liegen in Haaren, Haarboden, Nägeln, Haut, Knochen, Gefäßen und im Blut.
Bei der Hälfte der Bevölkerung sind Verschlackung und Übersäuerung nachweisbar.

- Harnsäure: aus Fleischgenuss und Zellverfall
- Kohlensäure: Bewegungsmangel und falsches Atmen
- Milchsäure: aus körperlicher Anstrengung (Muskelkater)
- Gerbsäure: aus schwarzem Tee und Kaffeegenuss.
- Nikotin
- Schwefelsäure: schlechte Verdauung
- Acetylsalicylsäure: aus Schmerzmitteln
- Essigsäure: aus Süßwaren und Fetten
- Oxalsäure: aus Rhabarber, Spinat und Kakao
- Salzsäure: aus Stress, Ärger und Angst
- Salpetersäure: aus gepökeltem Fleisch
- Kaliumnitrat: aus Käsesorten

Schlacken und Salzablagerungen führen zur Übersäuerung und zu Beschwerden im Binde-und Muskelgewebe und Organen.

Was ist Gesundheit?

1. Schlackenfreiheit der Zellen, des Gewebes, der Membrane, Organe und Mineralstoffdepots. Bedarfsgerechte Versorgung mit allen körperrelevanten Stoffen, gute Drüsenfunktion und Vermeidung von krankmachenden Mikroorganismen.
2. Einwandfreies Funktionieren von Assimilation, Zirkulation und Ausscheidung. Möglichst geringe energetische Beeinträchtigungen, Fehlsteuerungen und Disharmonien.
3. Frei sein von Parasiten.

Der Werdegang des Energieflusses aus dem Kosmos in die Zelle

Der Kosmos sendet Energien aller Frequenzen und Polaritäten für die ätherische Substanz, den Willenskörper oder Mentalkörper. Er schenkt dem Menschen die physische Form seiner individuellen Matrix
= Orgon, Äther, Astral, Mental.
Die Energien werden „eingerollt". Daraus entstehen Informationsträger, die in den energetischen Bereich der Drüsen eingelagert sind.
Der materielle Bereich der Drüsen verarbeitet die empfangenen Informationen zu Hormonen, diese werden an die Organe weitergegeben. Sie reagieren sowohl auf die chemischen Botschaften, als auch auf die energetischen Impulse aus dem Gehirn.
Die Organe produzieren „Kraftstoffe" für die Muskelarbeit und scheiden Schlacken aus.

Was ist Heilung?

Heilung ist ein Potenzialausgleich der materiellen und energetischen Unter- oder Überlagerung. Das Heilungssystem muss erkannt und unterstützt werden. Heilen kann nur derjenige, der den Heilungsplan des Symptoms versteht. Heilung von Krankheit bedeutet die Überführung des Kranken aus seiner energetischen Notlage in die energetische Stabilisierung: seelisch, radiästhetisch, technisch, gesellschaftlich, karmisch und kosmisch.
Die Ausleitung von Giften und Krankheitserregern, sowie die Stärkung der Abwehrkräfte des Immunsystems. Heilung ist Kompensation, sie erfolgt bis zum Potentialausgleich. Jede Heilung braucht eine ganz bestimmte Zeit. Das etablierte Gesundheitswesen kümmert sich oft nicht um die Krankheitsursachen, auch wenig um bestehende Krankheiten. Es kuriert mit dem größtmöglichen wirtschaftlichen Ertrag am Symptom. Weder Heilung, noch Krankheitsvorsorge stehen im Vordergrund sondern die Gewinnmaximierung.

Der Ursprung einer Krankheit

Krankheiten und ihre Heilmittel sind nichts weiter als Namen und Formen, beide haben ihren Ursprung und ihr Ziel im kosmischen Licht.
(B. Bhattachacharya)

Der Ursprung einer Krankheit liegt oft in der Seele. Körper, Seele und Geist bilden eine untrennbare Einheit.
Der Heilungsprozess des menschlichen Körpers ist komplex und von vielen Komponenten abhängig.
Das wichtigste ist, die Ursache der Krankheit festzustellen. Medikamente können Symptome lindern oder beseitigen, aber nicht die Ursachen beheben. Ist die Ursache gefunden, kann das der Anfang des Genesungsprozesses sein. Zur Überwindung von Krankheiten spielt auch der Wille eine große Rolle.
Der Mensch ist mitverantwortlich für seine Krankheit, nur er kann dazu beitragen, seine Situation zu verbessern.

„Die Krankheit von heute ist nur die Überschreitung
der Naturgesetze von gestern".
Ausspruch aus dem Iran – Der große Zitatenschatz

Seele

Die Seele liegt zwischen Geist und Körper, sie nimmt aus dem Positiven und Negativen alles auf, sie reagiert auf den freien Willen des Menschen mit Gesundheit und Krankheit. Die Seele ist die Hülle des Geistes.

Karma

Jeder Mensch bringt sein Karma aus den letzten Leben mit. Beim Tod verlässt die Seele den Körper nach drei Tagen und geht anschließend in Geist über. Das Karma bleibt in den zukünftigen Leben bestehen.

Der freie Wille

Der freie Wille ist jedem Menschen von Gott gegeben.

Das Bewusstsein

Das Bewusstsein unterliegt dem freien Willen.

Die Seele eines Menschen

Die Schranken und Schwierigkeiten unseres äußeren Lebens sind nur da,
damit unsere Seele ihre Kraft beweisen könne,
und indem sie die Hemmnisse überwindet,
verwirklicht sie ihr wahres Wesen.
Rabindranath Tagore

Die Seele eines Menschen ist in ihrer Gesamtheit ein Fluidum, in welchem alle in der Natur bestehenden Gesetze aller Daseinsformen des Mineral, Pflanzen und Tierreiches in Kleinform enthalten sind.
Die Seele ist jenes fluidale Element, welches sich selbst mit dem Seelenkörper, beziehungsweise Astral- oder Fluidalkörper verbindet und diesen zugleich erfreut und erhält.
Des Weiteren ist die Seele der Träger des Verstandes, welcher den Geist oder das Ich-Selbst als Träger der Vernunft leiten und benützen soll, um damit zu wirken.
Der Seelenkörper oder Empfindungskörper – Fluidalkörper – Astralkörper – Nervengeist – Perispirit und so weiter ist die körperliche Erscheinungsform = Gestalt für den Geist und die Seele. Er besteht als fluidales Ur- und Vorbild des materiellen, sichtbaren Erdenkörpers aus all jenen Teilen (Organen), nur in fluidaler Form mittels denen der Erdenkörper lebt.
Der Seelenkörper besitzt demnach nur in fluidaler Form ein Knochengerüst - - Kopf – Arme – Beine – Nervensystem – Sinnesorgane – die sechs Haupt- und Edelorgane, kurz er ist ein genaues Abbild des verweslichen, irdischen Körpers und führt die gleichen Funktionen wie der materielle Körper aus, ja er ist der eigentliche bildende und erzeugende Körper und der eigentliche Beleber des fleischlichen Körpers. Relative Eigenschaften der Seele sind: Begierden – Triebleben – Talente. Der Sitz des Geistes ist im Kopf, der Seele im Herzen ,der Seelenkörper im ganzen menschlichen Körper."

Zitat aus der Broschüre „Es werde Licht" von Leopold Kobosil.

Die Angst der Seele

Angst ist mir fremd, denn meine Seele ist unbesiegbar und unzerstörbar.
Dr. E. Bach

Der Mensch hat viele Ängste, die sich radiästhetisch lokalisieren und auswerten lassen. Es gibt viele Formen der Angst, die sich radiästhetisch reduzieren lassen, das hängt von der Stärke der Angst ab.. Nur radiästhetisch und elektromagnetisch Bewanderte können Behandlungserfolge erzielen. Ängste sind oft die Ursache einer Krankheit und sollten daher therapiert werden.

Edvard Munch: Der Schrei

Die fünf göttlichen Elemente und das Wort OM

Nur, wenn wir für alles um uns her empfindsam sind,
beginnt eine andere Art des Denkens,
die nicht durch unsere Konditionierung begrenzt ist.
(Krishnamurti)

Die fünf göttlichen Elemente – Erde – Feuer – Himmel – Wasser – Luft sind der Ursprung der Materie und der feinstofflichen Welt.
Die gesamte Schöpfung Gottes besteht aus diesen fünf Elementen.
Das Wort „Om" sollte vor die fünf Elemente gestellt werden, denn „Om" gibt ihnen die Kraft der Schöpfung.

„Om, du Gott, der du alles erschaffen hast im Universum, auf der Erde und in der feinstofflichen Welt".

Durch dieses Gebet kann der Mensch Frieden und Gesundheit erlangen.

Die fünf Elemente mit dem Zusatz „Om" sind für Menschen und Natur von besonderer Bedeutung. Gäbe es die fünf Elemente nicht, gäbe es kein Leben auf der Erde und im Universum, keine Materie, keine feinstoffliche Welt, nur „Gott".

Wenn man Gott erreicht hat, haben negative Kräfte keine Chancen mehr, um dem Menschen zu schaden.

Mantren sind Formeln, um Gottes Energie in sich aufzunehmen, sich mit ihnen zu verbinden und auszurichten.

Wasser ist das Grundprinzip aller Dinge
Aus welchem alles entstanden ist...
Fortwährend entsteht und wohin auch alles wieder zurückkehrt.
Die Veränderung der Dinge
leitet sich aus der Verdichtung und Verdünnung ab.
Aristoteles 384 – 322 v. Chr.

Om - Klang des Absoluten

„Om" ist ein Laut, der seit Jahrtausenden verwendet wird, um Körper, Geist und Seele zur Harmonie zu bringen. „Om" wird in Hatha-Yoga Stunden gerne am Anfang und Ende der Yoga-Praxis gesungen. „Om" kann auch für die Meditation verwendet werden. Letztlich sind alle Klänge des Universums zurückzuführen auf OM. Om wird auch genannt „Omkara", die Silbe (Kara) Om. Eine weitere Bezeichnung für das Mantra „Om" ist Pranava, die Urenergie.

Die physikalischen Elementen: Feuer – Luft – Wasser -Erde

Feuer = Wärme
Wasser = Kälte und zusammenziehend
Luft = Wärme vom Feuer und die Feuchtigkeit vom Wasser, ohne dieses Element wäre Leben nicht möglich, sie sorgt für das Gleichgewicht.

Das Erdelement = hat die Eigenschaften aller Elemente:
Feuer – Wasser – Luft.

Die Elemente bedeuten auf den menschlichen Körper bezogen:
Feuer = Kopf
Wasser = Bauch
Luft = Brust
Erde = der gesamte Körper
Diese Elemente tragen negative und positive Ladung. Jedes davon hat im Körper des Menschen eine bestimmte Funktion.

„Himmel und Erde sind in uns
(Mahatma Gandhi)

Diese fünf Elemente hat Gott eingesetzt, um Materie und feinstoffliche Welt in seinem Universum zu erschaffen. Alle Elemente beruhen auf dem Ätherprinzip, das raum- und zeitlos ist, und dem alles unterliegt. Himmel und Ätherprinzip sind gleich. Der Schöpfergott hat somit das Universum, die feinstoffliche Welt und die Himmel erschaffen.

Die abendländisch-christliche Mystik kennt Symbole für dieses fünfte Element. Es ist das aus den vier Elementen hervorgehende Ewige, das Unaufhörliche, um sich selbst kreisende Weltenrad Gottes, die sich ewig neu erzeugende Schöpferkraft. Denn inmitten von Feuer, Erde, Mensch und Luft ist Christus das innerste Selbst.

So sind alle Elemente auf das Ätherprinzip zurückzuführen, in ihm ist das Gesetz von Ursache und Wirkung enthalten,
es ist die Ursache allen Seins.

Die vier Elemente im Verständnis der Urkirche

Das Element Erde:

Der Altar verkörpert seit jeher die dem Göttlichen geweihte leibliche Existenz der Menschen.

Das Element Feuer:

Das ewige Licht symbolisiert in jeder katholischen Kirche das Bewusstseinslicht des Menschen, welches Christus, die Verheißung des „Nie Verlöschens" bedeutet.

Das Element Wasser:

Das Weihwasser ist Symbol der Reinigung der lebendigen Seele des Menschen.

Das Element Luft:

Die Luft wird weihrauchgeschwängert zum Ausdruck der geistigen Erhebung menschlicher Gedanken und Handlungen in der Hinwendung zu Gott.

Das fünfte Element ist der Himmel (Äther). Zum Bauplan gehören die vier Elemente. Sie stellen symbolisch das Grundkonzept der Schöpfung des Universums dar. Zum Feinstofflichen (mental) gehörten das fünfte Element, der Himmel und das Ätherprinzip. Um die Materie, das Physikalische und Feinstoffliche, Mentale zusammenzubringen, hat der Schöpfergott die vier Elemente für die Materie und das Feinstoffliche beigefügt.

Zur Materie wäre das Wort „Om" zuzufügen, da das Wort „Om" zur Materie gehört. Es heißt: „Om – Erde – Feuer – Himmel (Äther) – Wasser – Luft". Dies wurde von Gott für die gesamte Schöpfung als Ausgangsbasis genommen.

Das Schöpfungsprinzip = Gott

Die ganze Schöpfung ist die Schönschrift Gottes,
und in seiner Schrift gibt es nicht ein sinnloses Zeichen.
(Ernesto Cardenal)

Gott ist das Schöpfungsprinzip überhaupt. Er ist Geist und doch nicht Geist. Das Schöpfungsprinzip ist das „Wahre" und nicht der Urknall (dieser ist physikalisch). So sollte man an Gott glauben. Ein großer Teil der Menschheit hat den Glauben verloren und ist materialistisch eingestellt. Diese Menschen glauben nur was sie sehen, hören und greifen können. Das wird der Menschheit zum Verhängnis werden, denn Gott erschuf die Zeit, der Mensch die Uhr. Gott und noch vieles mehr befindet sich im mentalen und im feinstofflichen Bereich.

Wenn wir Gott als Anfang bezeichnen, müssen wir auch sagen, dass der Mensch viele andere Götter verehrte und anbetete. Luzifer = Satan war ein Lichtengel und nächster Vertrauter Gottes. Als er Gott ähnlich sein wollte, wurden er und sein Gefolge gestürzt. Er ist jetzt Herr der Hölle, seine Gefolgschaft ist im Universum verstreut.

Luzifer ist der negative Pol von Gott, dem Positiven. Das gesamte Universum ist Luzifer unterstellt. Gott gab ihm die Herrschaft über die Materie und dem Menschen den freien Willen. Er kann sich für Gott oder Luzifer entscheiden. Darum befinden wir uns auf dem Lernplaneten Erde

Beten

Vor einigen Jahren erschien meine Buchveröffentlichung „Das Gebet". Es ist meine Auffassung über das Gebet und mein Leben, denn ich bete so, wie es mir ein Bedürfnis ist, um mit Gott, dem Schöpfer im Einklang zu sein.

Ich musste fast 80 Jahre alt werden, um das richtige Beten zu lernen. Neue Erkenntnisse über das Beten fand ich in dem Buch „Verlorene Geheimnisse des Betens" von Gregg Braden. Mit diesem Buch habe ich wieder zum Gebet gefunden. Die Navajo beten: „Nizhonigoo bilinna" Auf Deutsch übersetzt:

Die Schönheit, mit der du lebst
Die Schönheit, durch die du lebst
Die Schönheit, auf die du dein Leben gründest.

Dieses Gebet der Schönheit ist mehr, denn in seiner Einfachheit liegt der Schlüssel zur Lösung, es ist eines der größten Rätsel der Menschheit. Schmerzen und Verletzungen, die das Leben uns zufügt, kann man durch dieses Gebet annehmen lernen und gestärkt und getröstet mit dem Leid der Welt umgehen. In den frühen Schriften wurden Schmerzen, Segen und Schönheit als die wichtigsten Prüfungen bezeichnet. Das Gebet ermöglicht es uns, diese Lektionen in unserem Leben besser zu bewältigen.

Eine Krankheit ist nicht sinnlos, sie ist ein Signal unseres Körpers, unser Leben zu überdenken und mögliche Änderungen vorzunehmen.

„Der Glaube ist Liebe"
ein Ausspruch von Johann Heinrich Pestalozzi.

Früher beteten die Menschen anders als heute. Sie können in Gedanken beten und meditieren, sie sollten mit Gott und seiner feinstofflichen Welt in Harmonie kommen. Das Segnen ist ein altes Geheimnis, der Gedanke und das Wort gehören zum Menschen von alters her.

Dazu ein Zitat von Manfred Kyber:

„Wer mit den Augen der Andacht geschaut
Wie die Seele der Erde Kristalle baut
Wer die Flamme im keimenden Kern gesehen
Im Leben den Tod – Geburt im Vergehen
Wer in Menschen und Tieren den Bruder fand
Und in Bruder den Bruder und Gott erkannt
Der feiert am Tische des heiligen Gral
Mit dem Heiland der Liebe das Abendmahl
Er sucht und findet, wie Gott es verhieß
Den Weg ins verlorene Paradies"

Schönheit ist überall um uns. Positives Denken und Handeln ist auch als Schönheit zu sehen. Schönheit wurde jedem Menschen in die Wiege gelegt. Jeder Mensch hat die Fähigkeit, Schönheit zu erkennen. Auch in einem hässlichen Moment im Leben läßt sich eine Ebene der Schönheit finden, die unserem Schmerz eine neue Bedeutung gibt. Sie eröffnet dem Menschen neue Perspektiven. Gebet und Meditation, von Herzen kommend, helfen dabei.

Ein Zitat von Max Planck, Physiker und Nobelpreisträger:

„*Es gibt keine Materie an sich, alle Materie entsteht und besteht nur durch eine Kraft, welche die Atomteilchen in Schwingung bringt und sie zu dem winzigen Sonnensystem des Atoms zusammenhält, da es im ganzen Weltall weder eine intelligente noch eine ewige abstrakte Kraft gibt. Es ist der Menschheit noch nie gelungen, das Perpetuum mobile (das sich aus sich selbst bewegt) zu finden – so müssten wir hinter dieser Kraft bewussten intelligenten Geist annehmen".*

Der Geist ist der Urgrund der Materie. Nicht die sichtbare aber vergängliche Materie ist das Reale – Wahre – Wirkliche (der Boden) denn diese Materie bestünde, ohne diesen Geist nicht. Der unsichtbare, unsterbliche Geist ist das Wahre. Da es aber Geist an sich nicht geben kann, und jeder Geist einem Wesen zugehört, müssen wir zwingend Geist-Wesen annehmen.

Da aber auch Geist-Wesen nicht aus sich selbst sein können, sondern geschaffen sein müssen, so scheue ich mich nicht diesen geheimnisvollen Schöpfer ebenso zu nennen, wie ihn alle alten Kulturvölker der Erde : „Gott“.
Gott zu erfahren ist der Beweis eines jeden ureigenen persönlichen Erlebens. Ich habe in meinem Leben viel Negatives, aber auch viel Positives erfahren. Meine Verbindung zum Schöpfergott möchte ich nicht missen. „Die Hinwendung zu Gott ist der Stein der Weisen.“ Ich wünsche jedem Menschen diese Gotteserfahrung.

Nur der Glaube aller stärkt den Glauben.
Wo Tausende anbeten und verehren,
da wird die Glut zur Flamme.
Friedrich Schiller

Betende Hände von Albrecht Dürer

Das Bewusstsein des Menschen

Tief aus Chaos führt der Weg allen Lebens,
hoch zu Gott in tausend Spiralenringen.
Christian Morgenstern

Die Abrahamsreligionen – Judentum – Christentum und der Islam bekämpfen sich schon Hunderte von Jahren. Es ist schwer, an das Schöpfungsprinzip = Gott zu glauben, wie es die Kirche Ihren Gläubigen vermittelt. Was der Stock für den Blinden ist, ist für den Gläubigen Gott. Der Gläubige klammert sich an diesen Stock und sucht Halt. Der politisch und religiöse Kampf um die Macht nimmt kein Ende. Unsere Erde steuert durch dieses Machtstreben mit riesigen Schritten dem Tiefpunkt zu.

Was du tust, bedenke das Ende.
Jesus Sirach 7,40

Ein großer Teil der Menschheit ist dieser negativen Gedankenkraft verfallen, die von machthungrigen, reichen , die alleinige Weltherrschaft beanspruchenden, Menschen gesteuert wird. „Geld ist Macht". Diese Menschen interessiert es nicht, wenn ihre Mitmenschen unter Hunger, Durst, Kriegen und Terror leiden. Sie haben keinen Respekt vor dem Leben anderer Menschen. Sie scheinen die Macht zu haben, die Menschheit zu vernichten.

Diese Menschen haben satanische Fähigkeiten, andere Menschen zu steuern und zu manipulieren. Sie nehmen durch ihr Machtstreben den millionenfachen Tod ihrer Mitmenschen in Kauf.

Das Bewusstsein ist das ausschlaggebende Faktum. Der Mensch muss sein Bewusstsein erkennen und kontrollieren lernen, denn tut er dies nicht, wird er kontrolliert und begibt sich in Abhängigkeit dieser machtbesessenen Minderheit. Diese Machtstrukturen sind von negativer Art und unterliegen dem freien Willen. Nichts was von der Natur kommt ist schlecht, es kommt nur darauf an, wie der Mensch damit umgeht.

Heute weiß man, das Bewusstsein entsteht nicht im materiellen Körper. Man sollte bedenken, dass das Bewusstsein keine physikalische und materielle Form hat, sondern mental ist. Es unterliegt dem freien Willen und ist nur dem Menschen vorbehalten. Der Schöpfergott wäre nicht glaubwürdig, wenn er in den freien Willen eingreifen würde..

Bewusstsein und Gedanken sind polare Zwillinge. Der Talmud schreibt folgende Zeilen über den Gedanken:

„Achte auf Deine Gedanken, denn sie sind Worte.
Achte auf Deine Worte, denn sie werden Handlungen.
Achte auf deine Handlungen, denn sie werden Gewohnheiten.
Achte auf Deine Gewohnheiten, denn sie werden Dein Charakter.
Achte auf Deinen Charakter, denn er wird Dein Schicksal".
Talmud

Unser System ist krank

Der Grund ist der Zeitenwechsel von der dritten in die fünfte Dimension. Der Mensch steht in dem Wechsel dieser Zeiten. Er wendet sich eher dem Negativen zu und dies kann ihm zum Verhängnis werden.
Die Natur geht ihren Weg von Anfang bis zum Ende. Nur der Mensch selbst kann durch seine Gedankenkraft viel Positives oder auch Negatives bewirken. Doch viele Menschen haben sich für das Negative entschieden.

Das System auf der Erde ist krank. Wir stehen am Abgrund und die Entscheidung jedes Einzelnen ist es, sich vom Abgrund zu entfernen oder in den Abgrund zu springen.

Das Chaos will anerkannt werden, will gelebt werden,
bis es sich in neue Ordnung bringen lässt.
Hermann Hesse

Das Bewusstsein und der Zeitenwechsel

Wir haben das Kali-Yuga, die Zeit der Dunkelheit, verlassen. Das Bewusstsein hat sich erhöht und erneuert. Die Menschen sollten ihre Augen nicht verschließen, sie sollten die Natur beobachten, denn die Natur ist in Aufruhr und passt sich dem Zeitgeschehen an. Es ist schwer für uns Menschen auf der Erde, dieser Energie stand zu halten, besonders für unsere Kinder, für Erwachsene, die feinfühlig, sensibel und sensitiv sind.
Es hat schon immer Katastrophen in Form von Bränden, Erdbeben, Stürmen, Tsunamis, Vulkanausbrüchen und Überschwemmungen auf der Erde gegeben, aber nicht in dieser Vielzahl.

Wichtig ist der 21.12. 2012, der Tag, an dem die Einträge des Maya Kalenders geendet haben. Damit begann der Wechsel von der dritten in die fünfte Dimension. Bis sich dieser Wechsel eingependelt hat, dauert es etwa 20 Jahre.

Die Menschen stehen im Zentrum des beschriebenen Dimensionswechsels. Die menschlichen Zellen müssen sich den gegebenen kosmischen Frequenz-Energien anpassen.
Es ist eine Identität von Zellen und kosmischen Frequenzen vorhanden. Ist die nächst stärkere Energieform erreicht, reagieren die Zellen verzögert, sodass der Mensch das deutlich spürt. Dadurch können Krankheiten entstehen, die nicht zu diagnostizieren und zu therapieren sind.

Rechnet man die Zeit vom Untergang des Kontinents Atlantis bis heute, so sind 13 000 Jahre vergangen. Es sieht so aus, als ob diese Zahl 13 000 eine besondere Bedeutung hat.

Die menschlichen Emotionen und die vielen biologischen Zyklen stehen am Anfang der Prophezeiungen für die Zeit in der wir leben. In dieser Zeit wird sich das Bewusstsein verändern, denn alles in der Natur geht langsam voran. Wir befinden uns schon lange in dieser Phase der Veränderung.

Man weiß, dass jede kosmische Energie einen Anfang und ein Ende hat. Das ist die Zeit Alpha und Omega, Anfang und Ende.

Die Mehrzahl der Menschen hat diesbezüglich den Sinn und das Gefühl verloren, weil sie nicht mehr an das Feinstoffliche, an das Schöpfungsprinzip glaubt, nur noch an das Materielle, was sie sehen und greifen kann. Der Mensch von heute muss das Chaos erleben, um an das Feinstoffliche glauben zu lernen, doch dann kann es zu spät sein.

„Verlöscht den Glauben an Gott,
und es wird Nacht in der Seele des Menschen."
Alphonse de Lamartine

Es gibt verschiedene Glaubensrichtungen auf Erden, die den Zeitenwechsel unterschiedlich benennen. Die Hindus nennen ihn „Kaly-Yuga", Astrologen sagen das „Wassermann Zeitalter", die Juden „der Messias kommt", Theosophen nennen dies das „Neue Zeitalter", Kosmologen nennen ihn „die harmonische Kohärenz".

Der Glaube scheint eine Wissenschaft zu sein, doch hierzu braucht man kein Studium. Er entsteht aus dem Bewusstsein und aus dem Gefühl. Der Glaube ist mental, doch wird er von vielen Menschen abgelehnt, was jedoch für die Erde und die Menschen zum Verhängnis werden kann. Das Gefühl, beziehungsweise das Bewusstsein hat viele Gesichter und Formen, aber der Glaube ist hier am höchsten zu bewerten.

Je stärker das Gefühl, desto größer die Energie die freigesetzt wird. Dieses Bewusstsein der Gefühle mahnt den Heiler, seine Gedanken und Gefühle nicht materiell zu prägen. Die Energiestärke der Gefühle ist vom Gedanken abhängig. Bewusstsein und Gedanken sind mental. Das gesprochene Wort ist Materie. Es unterliegt dem freien Willen.

„Wir sind von einer Atmosphäre umgeben, von der wir noch gar nicht wissen, was sich alles in ihr regt und wie es mit unserem Geiste in Verbindung steht.

So viel ist wohl gewiss, dass in besonderen Zuständen die Fühlfäden unserer Seele über ihre körperlichen Grenzen hinausreichen können und ihr Vorgefühl, ja auch ein wirklicher Blick
In die nächste Zukunft gestattet".

Johann Wolfgang Goethe und Johann Peter zu Eckermann

Elektromagnetische Felder in unserer Zeit

Du musst selbst zu der Veränderung werden,
die du in der Welt sehen willst.
(Mahatma Gandhi)

Die Sonne ist unser Schicksal. Wir befinden uns im Übergang von der dritten in die vierte Dimension. Wir gehen in ein neues Zeitalter.

2000 Jahre sind ein Zeitalter ohne An- und Ablaufzeit, das bezieht sich auf die 12 Zeitalter der Materie. Die Zeitalter unterliegen den Dimensionen. Man sollte Zeitalter und Dimensionen nicht verwechseln, beide gehören zusammen. Das Bewusstsein ist beiden übergeordnet.

Der Physiker Burkhard Heim (1925-2001) hat Anfang und Ende der Erde in 12 Dimensionen untergliedert. Von 1 bis 6 = Materie, von 6 bis 12 = mental. Die Zahlen 1 bis 12 nannte er Gott 1 - Gott 2 - Gott 3 und so weiter bis Gott12. Burghard Heim wird von vielen Physikern als Gegenpart zu Steven Hawking gesehen. Er zählt zu den größten deutschen Physikern.

Der Biophysiker Dieter Broers schrieb in seinem Buch
„(R) E Volution 2012": *„Lassen Sie mich eine Hypothese aufstellen, die im Einklang mit meinen bisher referierten Forschungsergebnissen steht. Demnach wären die naturgegebenen Erdfeldanomalien ein Faktor, der zur Ausprägung einer neuen Spezies führen könnte. Es ginge somit um einen Aufstiegsprozess des Homo-sapiens, der ursächlich durch besonders starke Sonneneruptionen und der damit einhergehenden Kettenreaktion gesteuert wird. Naturwissenschaftlich betrachtet hält diese Hypothese allen Überprüfungen stand."*

Die Professoren Herbert L. König, H. Fröhlich, Alexander Presmann und zahlreiche andere Kollegen gehen davon aus, dass elektromagentische Felder eine entscheidende Rolle in der Evolution gespielt haben.

Wir gehen in ein neues Zeitalter

Und doch gibt es viele Menschen, die an einen Zeitenwechsel nicht glauben. Sie werden das Chaos erleben. Durch den Glauben an das Schöpfungsprinzip kann das Chaos vermindert werden. Der Glaube steht jedem Menschen offen. Die Voraussetzung für den Glauben ist der freie Wille, dieser wird dem Menschen schon in die Wiege gelegt, um sich zwischen Gut und Böse entscheiden zu können.
Leider haben viele Menschen den Bezug zu Gott verloren und frönen dem Mammon. Macht, Eifersucht und Neid beherrschen unseren Alltag. Die Menschen unterliegen dem Negativen, und dies kann wiederum negative Reaktionen auslösen. Alles hat einen Anfang und ein Ende. Der heutige Mensch ist in den Zeitenwechsel hineingeboren. Die Natur ist im Aufbruch, nur die meisten Menschen erkennen dies nicht, beziehungsweise wollen es nicht erkennen. Das kann ihnen zum Verhängnis werden.
1950 wurde von Wissenschaftlern beobachtet, dass sich das Erdmagnetfeld verändert hat. Heute lassen sich Veränderungen des Magnetfeldes beweisen und ein Zusammenhang zu Stimmungsschwankungen herstellen. Der Mensch ist abhängig von der Sonne. Die Sonne ist unser Leben.
Sowohl negative, als auch positive künstlich hergestellte Frequenzen vermischen sich mit den natürlichen Strahlungen. Dieter Broers stellte dazu folgende Thesen auf: Die natürlichen Felder werden von den künstlich geschaffenen Feldern gestört oder behindert. Es ist so, dass durch die künstlichen Felder die Tiere durch das veränderte Erdmagnetfeld irritiert werden, so hat sich zum Beispiel beim Wal und bei den Zugvögeln der Orientierungssinn verändert.

Es ist die Aufgabe des Menschen, Gottes Auftrag zu erfüllen,
aber wie erkennt er, worin dieser besteht?
Wege zu dieser Erkenntnis sind aufrichtiges Gebet
und entsprechendes Handeln.
Mahatma Gandhi

Eine Bewusstseinsveränderung kommt.
Erde, unser Sonnensystem, Mensch und Natur werden sich wandeln.

Von Menschenhand erschaffene Felder

Diese Frequenzen nennt man Elektrosmog. Sie wirken auf die natürlichen Frequenzen negativ, denn die natürlichen Felder werden empfindlich gestört und behindert. Die negativen Frequenzen sind erheblich stärker als die positiven. Dies beeinträchtigt die Natur und auch die menschliche Zelle, das kann zu unterschiedlichen Krankheiten führen. Das elektromagnetische Feld orientiert sich am Nordpol.
Man führte 1962 und 1965 Versuche durch, bei denen Menschen in einem Raum von äußeren Feldern abgeschirmt waren. Bei Ihnen wurden Blutdruck, Herzfrequenz und Gehirnströme gemessen. Die innere Uhr, die biologischen Rhythmen versagten bei den Versuchspersonen.

1999 gab es fünf Planeten im Quadrat zur Erde, im Jahre 2000 hinter der Sonne fünf Planeten hintereinander aufgereiht mit einer Sogwirkung zur Erde. Die Sonne behält ihren Stillstand, doch die Entfernung Sonne – Erde ist durch die Sogwirkung nicht mehr die Gleiche. Die Planeten brauchen eine Anlaufzeit, um aus ihrer Bahn in ihre jetzige zu kommen. Diese Anlaufzeit gehört zum Zeitenwechsel.

Das Atom ist das kleinste darstellbare Teilchen der Materie, Quarks, Neutrinos und Myon-Neutrinos sind kleiner. Diese Myon-Neutrinos schwirren im gesamten Universum, man nennt sie die Seele.
Viele Krankheiten kommen von Magnetfeldschwankungen. Es besteht eine geistige Verbindung zwischen Erde, Universum und den Himmeln. Es ist von jeher alles im Universum in Bewegung, und wir kommen dadurch näher zum Schöpfungsprinzip.
Die veränderte Energie, die sich in Bewegungen fortsetzt, kommt aus der kosmischen Datenbank mit den energiereichen Strahlen aus der Tiefe des Alls.

Tief aus Chaos führt der Weg allen Strebens,
hoch zu Gott in tausend Spiralenringen.
Christian Morgenstern

Diese Energie, die uns jetzt umgibt, hat in sich nur eine Anlaufzeit. Die menschliche Zelle und die Natur passen sich dieser Anlaufzeit an, aber Zelle und Natur bleiben immer zurück. Haben sich Zellen und die Natur diesen Energien angepasst, liegt die nächsthöhere Energiefrequenz wieder auf Zelle und Natur. Das heißt, dass Zelle und Natur energetisch immer im Nachteil sind. Bei sensiblen Menschen können Krankheiten entstehen, die oft sehr schwer zu diagnostizieren sind.

Der Kosmos wirkt direkt auf uns ein, durch Sonnenaktivitäten und Erdmagnetfeldschwankungen. Der Mensch, der den Glauben an den Ursprung hat, braucht keine Angst vor diesem Wechsel zu haben. Erde, Menschen, Tiere, Pflanzen und Mineralien werden diesen Wechsel spüren.

Das elektromagnetische Feld unserer Erde, beziehungsweise unseres Sonnensystems, wird sich stark verändern. Das Bewusstsein von Mensch und Natur erhöht sich, die Menschheit kommt durch die Bewegung des Universums in ein anderes elektromagnetisches Feld.

Die Zeit, in der wir jetzt leben, ist seit Bestehen der Erde einmalig, denn wir treten, wie bereits erwähnt, von der dritten Dimension in die Fünfte ein. Die vierte Dimension werden wir nur kurz durchlaufen.

Das Chaos will anerkannt werden,
will gelebt werden,
bis es sich in neue Ordnung bringen lässt.
Hermann Hesse

Der Erdmagnetismus

Nach den neuesten Erkenntnissen wird das Erdmagnetfeld von der kinetischen Energie des Erdkerns erzeugt. Möglicherweise tragen auch die von Mond und Sonne ausgehenden Gezeitenkräfte zur Entstehung des Erdmagnetfeldes bei. Durch die schnellere Rotation des festen Erdkerns gegenüber dem Erdmantel wird ein elektrischer Strom induziert, der das Erdmagnetfeld erzeugt.

Wo kommt die elektro-magnetische Energie her? Von der Sonne.
Die Sonne ermöglicht Leben auf der Erde. Mit ihrer hohen Energie speist sie das gesamte Sonnensystem.
Nach heutigem Wissen besitzen in unserem Planetensystem Erde , Merkur, Mars und Jupitermond ein Magnetfeld. Man sollte bedenken, dass das Universum in der Polarität ist und diese Polarität in ihrer Intensität mal stärker und mal schwächer ist, wie zum Beispiel die Energie, die man nicht messen kann, die aber potenziert ist.

Das gesamte Universum ist mit dieser Energie durchflutet. Ist eine dieser Energieformen mal stärker oder schwächer entstehen Disharmonien.

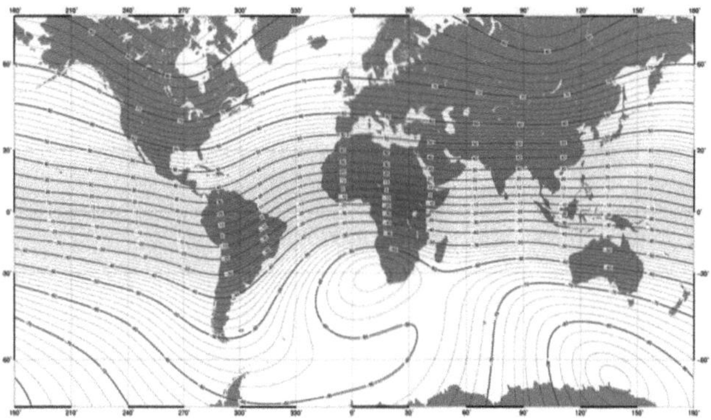

Karte der geomagnetischen Felder

Die mentalen und physikalischen Frequenzen

1968 machte ich in Finten bei Mainz meine erste Erfahrung mit Radiästhesie und zwei Winkelruten. Beim Einsatz eines Baggers zur Auskofferung eines Vorflutgrabens ging der Baggerführer mit zwei Winkelruten über die Trasse. Er erklärte mir, dass er nach Wasseradern oder verlegten Kabeln in der Erde suche. Als ich die Drähte zur Hand nahm, kam es zu einem kräftigeren Ausschlag als bei ihm selbst. Das war mein erster Tag als Radiästhet.

Heute arbeite ich als Heilpraktiker täglich mit Radiästhesie und Magnetismus. Ich bin Autodidakt im mentalen und physikalischen Bereich der Radiästhesie. Ich lerne täglich dazu, denn die Radiästhesie ist ein unerschöpfliches Gebiet. Ich mache auch heute noch Fehler, aber ich arbeite daran, sie zu beheben.
Ich bin im In- und Ausland als Radiästhet und Magnetiseur anerkannt.

Physikalische und mentale Schwingungen gekoppelt sind notwendig, um eine Wasserader zu finden. Der Radiästhet stellt an Rute oder Pendel die Frage: „Ist eine Wasserader auf diesem Gelände?" Lautet die Antwort „ja", muss diese Wasserader gesucht werden, wird sie gefunden, wird sie markiert. Anschließend wird gefragt: ist diese Wasserader begrenzt oder unbegrenzt? Ist die Wasserader begrenzt, ist sie nicht zu empfehlen, weil sie nur von der Oberfläche gespeist wird. Empfehlenswert ist die unbegrenzte Wasserader, denn diese läuft das ganze Jahr. Man kann mit Rute oder Pendel den Lauf, die Tiefe, Literzahl und Trinkbarkeit des Wassers feststellen.

Mental arbeiten

Mental heißt im Feinstofflichen arbeiten, im Universum. Die Entfernung ist dabei unwichtig. Bei enstprechender Fragestellung kommt eine richtige Antwort. Handwerkszeuge eines Radiästheten sind: Rute, Einhandrute, Winkelrute und verschiedene Pendel. Bei der Arbeit in der Natur sollte man einen schweren Pendel benutzen, anders als zu Hause, wo ein leichter genügt. Der Radiästhet sollte sein Gehirn gedankenfrei machen, denn Gedanken können die Diagnose verfälschen.

Eine sehr kranke Patientin aus Österreich kam mit einer Fotografie eines Geländes zu mir, denn sie vermutete darauf einen Kraftort. Ich bearbeitete das Foto radiästhetisch-mental und konnte ihre Vermutung bestätigen.
Der Sohn der Patientin baute den Kraftort aus. Sie setzte sich in dessen Mitte und spürte sofort eine Linderung.

Das Wundersame eines Kraftortes ist, dass der Mensch hier gesund werden kann, denn hier gilt das Gleichheitsgesetz: „Gleiches mit Gleichem". Das Gesetz der Frequenzen muss stimmen, das sind die Struktur der Frequenz und die Struktur der Krankheit. Ein Kraftort hat mehrere Frequenzen deshalb auch mehrere Strukturen, die auf den kranken Menschen einwirken.

Ähnlich verhält es ich bei den Tieren. Ein Tier hat zwar eine andere Sensibilität als der Mensch, aber auch ein Tier kann auf einem Kraftort gesund werden.

Das Universum ist ein Gedanke Gottes.
Friedrich Schiller

Kraftort Mirnock

Mirnock Gschriet Kärnten

1996 bestätigte ich in Gschriet am Millstätter See/Österreich am Mirnock die Existenz dreier Kraft-Orte. Der Mirnock ist ein großes Gebirgsmassiv. Gschriet ist ein lang gezogenes Gebirgsdorf auf dem Mirnock. Das letzte Haus dieses Gebirgsdorfes ist die Gaststätte Peternell mit einer Stallung. Sie werden von der Familie Peternell bewirtschaftet. Auf diesem Anwesen befinden sich die drei Kraft-Orte, die die Gemeinde Ferndorf an der Drau bereits ausgebaut hatte.
Zwei Kraft-Orte wurden mit einem Spiegel= Spiegelreflex und einer Pyramide = Prismeneffekt versehen. Der dritte Kraft-Ort mit einem Durchmesser von 2 Metern liegt in der Nähe von Kraft-Ort zwei. Dieser Kraft-Ort wurde in der Rundung mit Sitzgelegenheiten ausgestattet. Er ist für Meditationen besonders geeignet, während die beiden anderen bei bestimmten Krankheiten heilend wirken. Nach Ausbau der Kraft-Orte in Gschriet/Kärnten im Jahr 1994 findet ein reger Besucherbetrieb auf dem Berg Mirnock statt. Vor dieser Zeit haben nur wenige Menschen dieses Gebiet besucht.

Papst Pius XII sagte 1942 in einem Dekret über die Radiästhesie:
„Die Arbeit mit Rute und Pendel kann gefährlich werden, wenn Stolz, Neugierde, Unbeherrschtheit oder Gewinnsucht ein Beweggrund sind. Wenn aber ein Christ ganz den Willen Gottes tun will, sich bei der radiästhetischen Arbeit durch das Gebet schützt, wenn er diese Instrumente also nur im natürlichen Bereich – für die Werke der Liebe – z. B. zur Brunnensuche oder zur Wohnungsuntersuchung verwendet, so ist diese Arbeit auch von der Kirche gutzuheißen"

Kraft-Ort im Saarland: der Litermont

Die Natur ist nicht nur Materie.
Das Wesentliche an ihr sind ihre Gesetze.
Sie machen etwas Geistiges aus.
und gehören somit
einer transzendenten Welt an
Walter Heitler, Physiker und Philosoph

Vergessene Energiesysteme aus uralten Zeiten werden in unseren Tagen von Radiästheten neu entdeckt. Dazu gehört auch die Strahlenenergie.
Nicht alle Menschen haben dazu eine positive Einstellung, auch viele Naturwissenschaftler akzeptieren die Radiästhesie nicht, ist sie doch wissenschaftlich noch nicht nachzuweisen.
Diese uralten Energien beruhen auf Naturgesetzen. Sie waren schon immer vorhanden, gerieten aber mit der Zeit in Vergessenheit. Wir sollten uns wieder mehr öffnen für die Wunder und Geheimnisse unserer Natur.

Ein Kraft-Ort ist eine geographisch exakt lokalisierbare Stelle, von der eine besondere energiespendende Kraft ausgeht. Bereits in alter Zeit haben die Menschen solche Plätze entdeckt. Unsere Vorfahren waren ja viel enger mit der Natur verbunden als wir es heute sind, denn von ihr waren sie unmittelbar abhängig. Durch die Beobachtung der Natur ,und die so erworbenen Kenntnisse über das Zusammenspiel von Erde und Kosmos, entwickelten sie im Laufe der Zeit ein natürliches Gespür. Schließlich waren sie sensibel genug, um jene Kraft-Orte aufspüren zu können. Diese Erfahrung wurde von Generation zu Generation weitergegeben, sodass die Nachkommen auf ein über Jahrtausende angesammeltes Wissen verfügen konnten.

Heute, da dieses uralte Wissen nahezu vollständig verloren gegangen ist, versucht die Radiästhesie, zu den mentalen Wurzeln dieser alten Erfahrungen zurückzugehen. Die mentale Radiästhesie ist eine Vermittlerin zwischen Geist und Materie.

Es gibt bei uns im Saarland den Berg Litermont (418 m hoch, mit einem Gipfelkreuz) von dem man auch eine herrliche Aussicht genießen kann. Dort gibt es einen Weidendom, ein lebendes Bauwerk mit einer Höhe von 7 m und einem Durchmesser von 10 m, eine Konstruktion aus 400 Weiden- und 300 Birkenstämmen. So entstand eine natürliche Kuppelkonstruktion mit freiem Blick in den Himmel, um den auf diesem Platz festgestellten kosmischen Strahl aufzunehmen.
Der Litermont hat verschiedene Energien, denn der Berg ist durchsetzt von Wasseradern (begrenzt und unbegrenzt).
Zwischen dem Gipfelkreuz und dem Weidendom liegt eine Wasserader ca. 300 m tief. Auf dem Weg vom Parkplatz zum Gipfelkreuz stehen Zwieselbäume, die die dortige Energie noch weiter vermehren. Dabei verändert sich der Baumstamm. Aus einem Stamm werden zwei oder mehrere Stämme, deren Konstitution stärker ist als die Energie der Wasserader.

An einem Kraftort können viele Krankheiten geheilt oder gelindert werden. Die Frequenzen des Kraftortes können ihre Heilwirkung dort entfalten.
Die Energiestruktur, die der menschliche Körper braucht, wird von der Zelle aufgenommen und wieder in ihren Normalzustand versetzt. Bildlich gesehen befinden sich im Weidendom 2 Pyramidenspitzen übereinander. Die Obere nimmt die kosmische Energie auf, wird in den Spitzen verstärkt und gibt der unteren Pyramide die Stärke und ihre Frequenz weiter. Beide Pyramidenspitzen befinden sich an der Zutrittspforte des Weidendoms.

Der Mensch sollte sich an Kraftorten nur solange aufhalten wie er sich wohlfühlt. Die Dauer des Aufenthaltes hängt von der Art der Erkrankung ab. Es gibt viele Krankheiten für die die Energie im Weidendom Heilungserfolge verspricht. Der Körper holt sich nur soviel Energie, wie er benötigt, um gesund zu werden. Die verbleibende Energie wird vom Weidendom wieder in den Kosmos abgegeben.

Der Litermont mit Gipfelkreuz und Weidendom

Megalith - Steine – Bauten

Megalith Steine sind einzelne Steine, die bis 300 Tonnen schwer sind.

Megalith-Bauten wurden vor ungefähr 6500 Jahren vor Christi Geburt errichtet, um das Magnetfeld der Erde zu erhalten. Das war die Epoche der ausgehenden Eiszeit mit riesigen Veränderungen auf der Erde. In dieser Zeit konnte man trockenen Fußes von Frankreich nach England gehen. Rhein, Weser und Elbe flossen in dieser Zeit in der Nähe von Helgoland ins Nordmeer. Nach der Eiszeit stieg der Wasserspiegel der Weltmeere bis zu 30 m an. Das ergaben Bohrungen von Meeresgeologen im Sedimentgestein.
Zur damaligen Zeit wurden unterschiedliche Bauwerke errichtet, zum Beispiel die Dolmen. Für diese wurden in der Regel 3 Basissteine und 1 Deckenstein, zum Teil mehr als 200 Tonnen schwer, verwendet. Solche Anlagen sehen wir noch in Stonehenge und Carnac. Wie konnte man in dieser Zeit so schwere Steine bewegen? Wie konnte man damals „die Wichte", das Gewicht verändern?

Steine wurden entmaterialisiert und nach der Aufstellung wieder in den alten Zustand zurückversetzt. Ziel der Megalithbauten war es, das Energiefeld der Erde zu verstärken, um eine totale Zerstörung der Erde abzuwenden. Der Eiszeit-Mensch hatte ein anderes Bewusstsein, er konnte entmaterialisieren und materialisieren. Die Erstellung der Bauten erstreckte sich über einen Zeitraum von 200 Jahren.

„Wenn aber, fragt der klassische Archäologe,
in der Vorgeschichte höher entwickelte Techniken existierten,
warum findet man dann keine Spuren davon?
Aber gewiss doch, man findet Spuren.
Und vielleicht würde man noch mehr Spuren finden,
wenn der Geist bereit wäre, sie zu suchen.
(Louis Pauwels)

Gollenstein in Blieskastel

Ein Kreis mit Steinen:

Man baut aus den Steinen einen Kreis und klopft sie mit einem Hammer fest. Durch das Klopfen der Steine wird eine energetische Polarität erreicht. Ein Stein in die Kreismitte gelegt, erhöht die Stärke = Intensität, ebenso ein gleichschenkliges Steinkreuz.
Meine radiästhetische Untersuchung des Kreises mit Kreuz. In der Mitte des Kreuzes liegt ein runder Stein.

Frequenz	= 10^{25}
Schwingungen	= 20 + und –
Heilkraft (Aura oder Abstrahlung = 38 m)	= 100 %
Intensität = Stärke	= stark

Es bleibt gleich, ob ein runder oder quadratischer Stein in der Mitte des Kreuzes ist.

Einfacher Kreis:

Frequenz	= 10^{23}
Schwingungen	= 15 + und –
Heilkraft (Aura oder Abstrahlung = 28 m)	= 100 %
Intensität = Stärke	= mittel

Mit Menschen einen Kreis bilden:

Frequenz	= 10^{70}
Schwingungen	= 47 + und –
Heilkraft (Aura oder Abstrahlung = 80 m	= 100 %
Intensität	=22 Kreuze potenziert.

Ohne einen Menschen in der Mitte des Kreises beträgt die Frequenz 10^{50}, Aura = Abstrahlung = 80 m

Der Unterschied verschiedener Größen der Megalithsteine liegt lediglich in einer veränderten Struktur. Um einen Kraftort zu bauen ist es wichtig, möglichst große Steine mit einer maximalen Intensität zu verarbeiten. Feinporige Steine sind in ihrer Abstrahlung stärker als grobporige Steine.
Bei einem Vulkanausbruch besteht die Lava aus Eruptionsgestein, einem grobporigen Gestein. Der Lavastrom ist Ergussgestein mit einer feinporigen Struktur.

Die Kornkreise

Die ganze Schöpfung ist die Schönheit Gottes.
Und in seiner Schrift gibt es nicht ein sinnloses Zeichen.
Ernesto Cardenal

Ich befasse mich schon viele Jahre mit den Kornkreisen, die unsere Aufmerksamkeit erregen und uns zeigen, dass es noch viele ungeklärte Phänomene in unserem Universum gibt. Ich bin davon überzeugt, dass die Kornkreise für uns bedeutsam sind.

Seit jeher haben Menschen versucht, Ursprung und Entstehung der Kornkreise zu ergründen.

1. Woher kommen sie?
2. Handelt sich um Naturphänomene?
3. Sind sie außerirdischen Ursprungs?
4. Was haben sie uns zu sagen?

Der Ursprung der Kornkreise

Schon lange beschäftigen sich Wissenschaftler weltweit mit dem Phänomen der Kornkreise. Über ihren Ursprung und ihre Bedeutung konnte bislang mit naturwissenschaftlichen Methoden kein Nachweis geführt werden. Das ist jedoch auf mentalem Weg über das Energiefeld möglich. Die mentale Verortung von Energiefeldern erfordert tage - oder sogar wochenlange Arbeit. Der Radiästhet Konrad Groß und ich haben Erdtrabanten radiästhetisch und im mentalen Bereich des 10. (kosmischen) Aspekts ausgewertet. Eine Verbindung zu den Kornkreisen ließ sich dabei nicht feststellen, jedoch eine sehr hohe Frequenz.

Wissenschaftliche, physikalische und radiästhetische Messungen führten zu keinem Ergebnis, da die Energiefrequenz der Kornkreise in einem sehr hohen feinstofflichen Bereich liegt.

Die für die Kornkreise Verantwortlichen sind nach unserem radiästhetischen Wissen außerirdische Energien. Sie handeln im Auftrag des Schöpfungsprinzips und nennen sich „Hüter des Lichtes". Die Antworten nach dem Ursprung der Kornkreise bleiben im Dunkeln. Jeder Kornkreis hat seine eigene Form, er entsteht innerhalb kürzester Zeit und ist von einer solchen Präzision, dass er nicht von Menschenhand geschaffen sein kann.

Die unterschiedlichen Formen der Kornkreise haben eine Bedeutung. Wir versuchen, sie in ihrer dreidimensionalen energetischen Form zu enträtseln. Diese Formen werden in kürzester Zeit (Sekundenphänomen) von einer uns unbekannten energetischen Kraft geschaffen, die uns weit überlegen ist. Das Universum als Ganzes ist Harmonie. Die Erde und ihr kosmischer Bereich sind in Disharmonie. Die Kornkreise mahnen uns zum Umdenken, die kosmischen Gesetze zu beachten und Gott in seiner Seinsform anzuerkennen.

Alles ist im Universum beseelt und lebend,
alles Produkt einer allgemeinen Lebenskraft
und der Produzierende ist nie von seinem Produkt getrennt.
Platon

Das Abbild der Pyramiden zeigt sich liegend in den Kornkreisen. Pyramiden kommen auf der Erde einzeln und in verschiedenen Größen vor. Ihre Botschaft lautet, dass Kosmische- und Erdenergie in ihrer Polarisation harmonisch zusammenwirken, dass Plus- und Minusenergie jeweils über die gleichen Anteile verfügen. Die Kornkreise signalisieren uns, dass der Mensch die Natur nicht weiterhin manipulieren darf, denn das sind Eingriffe in die göttliche Ordnung.

Kornkreise in England

Die Kornkreis-Strukturen

Erklärungen und Bewertungen von Kornkreis-Strukturen werden nicht selten von Personen vorgenommen, deren Kenntnisse auf dem Gebiet der Mystik lückenhaft sind. Sollen und wollen uns die verschiedenen Strukturen der Kornkreise etwas sagen? So heißt es beispielsweise bei den Ureinwohnern Amerikas: „Es werden Zeichen am Himmel auftreten, die den Menschen zeigen, was in naher Zukunft geschieht." Dabei ist von einer Zeit die Rede, in der man den Mond auf Erden und am Himmel sehen kann. Es gibt Kornkreis-Strukturen, die den Mond oder auch mehrere Monde darstellen. Es stellt sich die Frage, welchen Einfluss der Mond auf die Kornkreise hat. Mit seinen vier Phasen übt er energetischen Einfluss auf die Kornkreise aus. Sollen uns die Kornkreise vielleicht energetischen Wandel in der Natur anzeigen?

Warum Kornkreise in England?

Die Erde ist ein lebendiger Block Materie und hat im feinstofflichen Bereich ein System, das über Jahrtausende von den Naturvölkern verehrt wurde. Unweit Stonehenge liegt das Herz-Chakra der Erde. Hier befinden sich die meisten Kornkreise. Viele Berichte über Kornkreisfelder stammen aus der Zeit vor und nach den beiden Weltkriegen. Es ist jedoch auffällig, dass Kornkreise auch heute vermehrt auftreten. Ihre Entschlüsselung ist jedem Menschen vorbehalten. Die Schöpfer der Kornkreise kennen zwar offenbar unser Kommunikationssystem, benutzen es aber nicht, weil sie unseren freien Willen respektieren. Wir werden somit von einer anderen Intelligenz beobachtet, die uns durch die Kornkreis-Zeichen helfen will. Es sind Energie-Phänomene von Wesen, die uns technisch weit überlegen, aber freundlich gesonnen sind.

Dazu ein Wort von Hippokrates (460 – 370 v. Chr.) griechischer Arzt:
„Ein Phänomen lässt sich nicht erklären.
Aber, dass wir es nicht erklären können,
liegt nicht an dem Phänomen, sondern an uns".

Die Blume des Lebens

Die korrekte Bezeichnung lautet:„Blume des Lebens". Jeder Mensch hat einen schwingenden Klangkörper in sich, der im Laufe der Zeit durch negative Energie verstimmt wurde. Die Blume des Lebens fungiert als Stimmgabel die versucht, den Klangkörper wieder in ihren Urzustand zu bringen. Im Klangkörper der Blume des Lebens sind sämtliche Informationen gespeichert, in ihr ist der „Kammerton A" verankert. Nach diesem „Kammerton A" werden alle Oktaven gestimmt. Es obliegt Gott, durch diese Urklänge wieder eine Harmonie herzustellen und so Körper und Seele wieder in Einklang zu bringen.

Die Blume des Lebens hat auch die Fähigkeit Nebenwirkungen von Medikamenten zu mindern, Schadstoffe in unserer Nahrung zu neutralisieren und den Energiegehalt von Nahrung und Wasser zu erhöhen. Der Heilungsprozess einer Krankheit wird unterstützt und Blockaden werden gelöst. Die Aura des Menschen wird neu ausgerichtet, Bewusstsein und Selbstfindung werden aktiviert.

Die Blume des Lebens ist Jahrtausende alt, und alle Informationen der Menschheit werden von ihr gesteuert. Gott hat das Menschheitsmuster und die Information in die Blume des Lebens eingefügt, um das Bewusstsein der Menschen zu erhöhen. Doch dieses Wissen wurde von den traditionellen spirituellen und religiösen Kräften geheim gehalten.

Der Lichtkörper ist als Energie zu bezeichnen und im menschlichen Körper sowie im Erdkörper als „Kundalini-Kraft" oder als „Schlange des Lichts" vorhanden. Der Unterschied zwischen Kundalini und der Schlange des Lichtes liegt darin, dass das Kundalini des Menschen durch Bewusstseinsveränderung am Wurzelchakra, schlangenförmig in die Hauptchakren und die Wirbelsäule aufsteigt. Die Erdschlange als Kundalini-Kraft ist Energie, die sich in 13.000 Jahren als Schlange des Lichtes örtlich verändert. Man nennt sie auch die „große weiße Schlange".

Dazu noch ein kurzer Ausschnitt aus dem Buch „Schlange des Lichts" von Drunvalo Melchizedek: *„Die Kundalini – Schlange des Lichts hat zwei Pole, von denen einer genau im Mittelpunkt der Erde verankert ist. Der andere sitzt auf der Erdoberfläche. Das Bewusstsein der Erde selbst bestimmt den Ort. Und es gibt einen Rhythmus, in dem die Polarität der Erdkundalini zu dem entgegengesetzten Pol wandert und gleichzeitig den Ort ihrer Verankerung auf der Erdoberfläche wechselt. Dieser neue Ort lässt nicht nur die Menschen, die in seiner geografischen Nähe leben, beschleunigt aufwachsen, sondern sendet auch eine Frequenz in das elektromagnetische Gitternetz, das die Erde umfasst. Dieses wiederum beeinflusst die Bewusstseins-Gitternetze auf eine Weise, die von der DNS der Erde bestimmt wird. Wir wachsen nach einem bestimmten Plan."*

Auch unsere Erde ist aus kosmischer Sicht ein lebendes Wesen, man nennt sie „Mutter Erde". Die Mutter Erde, das Universum, Gott und die Blume des Lebens sind eine Einheit. Die Blume des Lebens beinhaltet alle göttlichen Informationen.

Es sollte ein Kreis um die Blume des Lebens sein, um ihre Vollkommenheit darzustellen. Ein Kreis bedeutet „Alles oder Nichts". In diesem Fall ist die Information „Alles im Kreis". Dabei ist der Kreis = Null im physikalischen und mathematischen Bereich. Im mentalen Bereich ist der Kreis um die Blume des Lebens als „Alles" in der Information zu betrachten.

Die Blume des Lebens beinhaltet sämtliche Informationen von Anfang und Ende der Erde. Sie speichert das Bewusstsein unseres Universums. Die „Mer-Ka-Ba" (Lichtkörper des Menschen) steht in direkter Verbindung mit der Blume des Lebens. Um jeden menschlichen Körper existiert ein Tetraeder (Mer-Ka-Ba – Ka Ba). Verdeutlicht und erklärbar wird es durch die bekannte Zeichnung von Leonardo da Vinci „die menschliche Stern-Tetraedergeometrie". Die Informationen der Blume des Lebens sind wissenschaftlich nicht nachzuweisen, sie liegen im Bereich des Okkulten und des Hypothetischen.

Die Blume des Lebens ist von Anbeginn der Menschheit von der Schöpfung ins Erdinnere gelegt worden, so konnte sich das Bewusstsein der Menschen erhöhen. Im Altertum war die Blume des Lebens vielen Menschen ein Begriff, ist aber durch den Bewusstseinswandel der nachfolgenden Generationen wieder in Vergessenheit geraten. Heute hat der Mensch die Lebensblume mit ihren feinstofflichen Informationen und ihrer Göttlichkeit wieder entdeckt.

Die ganze Schöpfung ist die Schönschrift Gottes, und in seiner Schrift.
gibt es nicht ein sinnloses Zeichen.
Ernesto Cardenal

Die Form der Blume des Lebens ist vielen Menschen bekannt, diese Informationen sind uralt und trotzdem immer wieder neu. Durch Träume oder Wachträume kommen immer wieder neue Informationen hinzu. Die Blume des Lebens ist als übernatürlich zu bezeichnen, weil sie aus dem Schöpfungsprinzip stammt und den Blick des Menschen auf sein Leben lenkt. Wahrscheinlich gibt es Dimensionen und Welten, die das Fassungsvermögen des Menschen übersteigen. Es ist nicht bekannt, ob die Blume des Lebens nur für die Menschheit bestimmt ist oder für das gesamte Universum.

Vor Tausenden von Jahren wussten die Menschen, dass die Blume des Lebens nicht nur ein schön aussehendes Muster ist, sie kannten auch ihre Informationen und ihren Sinn. Der Glaube an Gott war in ihr verankert. Meine Buchempfehlung: „Die Blume des Lebens" von Drunvalo Melchizedek Band 1 und 2. In diesen beiden Bänden steht alles über die Blume des Lebens, die in der heiligen Geometrie ein vorrangiges Zeichen besitzt.

Meine radiästhetische Auswertung der Blume des Lebens
a) die Frequenz der Blume des Lebens unendlich ? = ja
b) die Frequenz der Blume des Lebens einzeln $10^{\cdot 00}$ = ja
c) ist die Information von göttlicher Natur ? = ja
d) ist die Blume des Lebens von Gott ins Erdinnere von
Anfang an gelegt worden? = ja
e) Ist die Blume des Lebens insgesamt positiv? = ja
f) Ist die Blume des Lebens dem freien Willen des Menschen
untergeordnet ? = ja
g) Hat die Blume des Lebens nur einen Einfluss auf das Positive ? = ja

h) Ist die Blume des Lebens das Schöpfungsmuster für das ganze Universum ? = ja

i) Sollte die Blume des Lebens um sich energetisch richtig zu entfalten einen geschlossenen Ring haben ? = ja

j) Ist der geschlossene Ring wie eine Null und hat er eine esoterische Bedeutung ? = ja

Bei der Blume des Lebens ohne Ring ist die Frequenz 10^{00} und die Intensität ist schwach. Mit Ring ist ihre Frequenz unendlich.

Die Blume des Lebens taucht als Symbol, sowohl an den Säulen ägyptischer Tempel, als auch in abendländischen Kirchen auf. Sie besteht aus 19 Kreisen oder Blumenrädern und einem äußeren Kreis rund um die Blume. Des Weiteren enthält sie 12 Halbkreise, 6 Drittelkreise und 18 Sechstelkreise, insgesamt 30 Kreise. Mit den beiden äußeren Kreisen zusammen sind es 32 Kreiseinheiten. Betrachtet man die Blume des Lebens eingehend, sieht man sieben Kreise, die einander berühren.

Alles in der Natur hat seinen eigenen Kreis, seinen Lebensraum, seine Lebensraumkugel, und dies vom kleinsten Atom bis hin zu den Sonnensystemen.

Befinden sich diese Lebensraumkugeln in Harmonie, bedeutet das Gesundheit, denn jeder Mensch hat seinen ureigensten Lebensbereich, seine eigene Lebensraumkugel. Viele Kugeln zusammen bedeuten eine Familie, bilden auf diese Weise eine größere Einheit. Größere Einheiten bilden wieder größere Systeme, mehrere Lebensblumensymbole werden wieder zu einer Einheit, ein Prinzip das die ganze Schöpfung durchzieht. Das Symbol der Blume des Lebens stellt geordnete Kugeln dar, die im 2-dimensionalen Symbol zu Kreisen werden.
Das Symbol beziehungsweise die Abbildung der Blume des Lebens kann man überall einsetzen, um eine natürliche bestmögliche Ordnung wiederherzustellen. Die Anwendung ist ein mit der Schwingungsphysik erklärbarer Vorgang. Der Impuls der Lebensblume geht wie beispielsweise in der Homöopathie in eine heilende Richtung. Die göttliche Liebe ist dabei ein Heilfaktor.

Das Symbol der Blume des Lebens kann gedruckt oder gezeichnet werden. Man kann Lebensmittel und Medikamente auf dieses Symbol stellen, um negative Einflüsse zu vermindern.

Das Universum ist ein Gedanke Gottes
Friedrich Schiller, Theosophie des Julius

Glaube und Klima

Veränderungen der Jetzt-Zeit

Das Alte stürzt, es ändert sich die Zeit,
und neues Leben blüht aus den Ruinen"
Schiller, Wilhelm Tell

13000 Jahre vor Christus begann eine Eiszeit in Sibirien und Nordamerika. Als sie zu Ende war, hatte sich der Meeresspiegel weltweit 90 bis 130 m erhöht. Durch die erhöhten Wassermassen bildeten sich Mittelmeer, Kaspisches Meer, Schwarzes Meer und der Aralsee. Nach diversen Berechnungen wird die Eiszeit in den Jahren 2012 - 2014 zu Ende gehen. Seit Beginn der Eiszeit hat sich das Bewusstsein der Menschen verschlechtert, doch vor ca. 200 - 300 Jahren begann es sich wieder zu erhöhen und hat sich nun der Zeit wieder angepasst.

Nach dem Maya-Kalender endete die alte Zeitrechnung am 21.12. 2012. Danach hat eine neue Zeitrechnung begonnen. Wir können einem Umbruch der Natur entgegensehen. Es ist nicht auszuschließen, dass sich auch die DNA verändert. Das Leben auf unserer Erde ist erstaunlich, denn alle 13 000 Jahre hat sich etwas ganz besonderes ereignet.

Seit dem Untergang von Atlantis sind ungefähr 13 000 Jahre vergangen. Die sichtbare Veränderung der Erde hat mit dem Klimawandel zu tun, denn die Natur entwickelt sich in Zyklen. In diese Zeit gehören auch die dunklen Zyklen, denn Erdbeben, Vulkanausbrüche und Überflutungen nehmen zu. Es wird noch schlimmer kommen. Der Mensch geht leichtfertig mit der Natur um, mit der er doch lebt und ein Teil von ihr ist. Er sieht tatenlos zu, wie ganze Landstriche vergiftet werden, durch eine rücksichtslose Industrialisierung von landwirtschaftlichen Nutzflächen, von Wasser und Luft.
Es wird weltweit über den Klimawandel diskutiert, doch fast nichts dagegen getan, denn nur das Materielle steht im Vordergrund.

„Wenn Menschen ihre Verbindung zur Natur, zum Himmel und zur Erde verlieren, wissen sie nicht mehr wie sie ihre Umgebung hegen und pflegen und wie sie ihre Welt lenken sollen, die Heilung unserer Gesellschaft geht daher Hand in Hand mit der Heilung unserer persönlichen elementaren Verbindung zur Welt dessen, was sich den Sinnen zeigt.
(Chögyam Trungpa, Maitraya, Nr. 4)

Wie wir heute wissen, hat die große Eisschmelze eingesetzt. Es heißt, im Zeitraum von drei Tagen verschwindet eine Eisfläche von der Größe Deutschlands.
Zwei Faktoren kommen hier zusammen: der Klimawandel und eine ohnehin wärmere Periode, die einige Jahre, wenn nicht Jahrzehnte andauern könnte. Dadurch verschwinden meterdicke Eisschichten der Arktis und Antarktis.

Die Natur hilft sich selbst und kennt keine Grenzwerte.
Die Klimaveränderung ist natürlich, doch der Mensch verstärkt sie in erheblichem Maße, durch Eingriffe in die natürlichen Lebensabläufe .

Im Jahre 2000 wurde eine neue Planetenkonstellation entdeckt, bei der die Planeten die sich hinter der Sonne befanden, eine starke Sogwirkung hatten. Das bedeutet, dass die Sonne ihren Standort nicht verlässt, doch diese Sogwirkung der disharmonischen Planeten hinter der Sonne legt sich um die Sonne und auf die Erde. Dadurch wird sich auch die Temperatur auf der Erde verändern. Durch die Sogwirkung rückt die Erde näher zur Sonne, auch das führt zur Erderwärmung.

„Ich glaube an den Menschen als eine wunderbare Möglichkeit, die auch im größten Dreck nicht erlischt und ihm aus der größten Entartung zurückzuverhelfen vermag. Und ich glaube, diese Möglichkeit ist so stark und so verlockend, dass sie immer wieder als Hoffnung und als Forderung spürbar wird."
Hermann Hesse

Torhaus Schloss La Motte in Lebach

Das Klima

Es gibt für Unzählige nur ein Heilmittel –
die Katastrophe.
Christian Morgenstern

Ist es schon zu spät, um eine positive Klimaveränderung zu bewirken? Nur Glühbirnen auszutauschen wird sicher nicht reichen. Die Klimaveränderung ist ein Zeitgeschehen und durch unsere Eingriffe in die Natur verursacht. Alle Nationen müssen zusammenarbeiten, sonst können die hausgemachten Energien und Disharmonien nicht in Harmonie gebracht werden. So warnt die Uno in ihrem Klimareport (September 2013) vor einem sehr schnellen Anstieg des Meeresspiegels. Es drohen Hitzewellen, viele Gletscher könnten komplett verschwinden, für Regionen wie Mitteleuropa sagen die Forscher mehr Starkregen voraus
Nach der Atomkatastrophe in Fukushima hat Deutschland die Energiewende eingeleitet, die Atomkraftwerke werden nacheinander stillgelegt. Sonnen- und Windkraft sollen den nötigen Strom erzeugen. Zwar wird von Deutschland das Kyoto-Abkommen eingehalten, jedoch sind auch wir von den Klimaschutzzielen noch weit entfernt.

Katastrophen kennt allein der Mensch, sofern er sie überlebt;
Die Natur kennt keine Katastrophen.
Max Frisch, Holozän

Zum Klimaschutz gehört noch mehr. Das Klimaschutzabkommen ist einseitig und unvollkommen. Grenzwerte müssen weiter reduziert, Elektrosmog und hausgemachte Strahlen verringert werden.

Der Fortschritt schreitet immer weiter, und dies könnte im Chaos enden. Die Zeit und das Bewusstsein der Natur verändern sich. In der Natur vollzieht sich alles sehr langsam. Man sieht Pflanzen, Bäume und Embryonen nicht wachsen, aber sie wachsen dennoch. In der Natur gibt es keinen Stillstand. Das Universum atmet ein und aus, es ist ein Kommen und Gehen. Dies ist ein natürlicher Kreislauf, der von Anfang bis zum Ende der Zeit besteht.

Die Konsequenz der Natur tröstet schön
Über die Inkonsequenz der Menschen.
Johann Wolfgang von Goethe
an Karl von Knebel, 2.4.1785

Zum Ursprung des Klimawandels

1997 entdeckte der russische Professor Dr. Alexey Dimitriev von der Akademie der Wissenschaften Russlands eine plasmatische Wolke in unserem Sonnensystem, die aus dem Universum in unseren Kosmos eingedrungen war. Die Ausdehnung nahm sehr schnell um das Zehnfache zu. Man nimmt an, dass diese „Wolke" für unseren Klimawandel mitverantwortlich ist. Professor Dimitriev schließt nicht aus, dass diese plasmatische Wolke auch für eine Veränderung der DNS des Menschen heranzuziehen ist. Man kann auch davon ausgehen, dass eine Wechselbeziehung zwischen kosmischen Erscheinungen und unserem Bewusstsein besteht.
Im Dezember 2012 gab es ein zwischenzeitliches energetisches Maximum , das sensible Menschen deutlich gespürt haben.

Die jetzige Veränderung

Die Grundfrequenz der Erde und die Frequenzen des Universums sind in Disharmonie. Schwingungen der Erde sind nicht mehr in Ordnung. Ich vermute eine Verschiebung der Plus-Minus-Energie zur Nullenergie. Es ist bekannt, dass der Erdmagnetismus abnimmt. Im Plus-Minus-Energiefeld liegt der Nullpunkt dazwischen, dieser ist potenziert und mit ausschlaggebend für die Veränderung. Diese Energie ist für den Weiterbestand der Erde entscheidend, genau wie die Megalith-Steine und die Pyramiden. Die Megalith-Steine wurden von unseren Vorfahren aufgestellt, um die Energie der Erde zu erhöhen und um die Laufbahn eines Asteroiden, der die Erde bedrohte, zu verändern.

Bei der großen Pyramide von Gizeh – der Cheopspyramide – wurde in den oberen Kammern ein deutlich geringerer Magnetismuswert gemessen.

Die Grundschwingung der Erde, auch Schumannfrequenz genannt, ist neben dem Magnetismus die zweite Energieform. 1952 hat Professor Schumann die Erdschwingung gemessen. Sie lag in den 80er Jahren des vorigen Jahrhunderts bei 7,8 Hertz. Ende der 80er Jahre erhöhte sich die Schumann-Frequenz auf 8,0 Hz., Mitte der 90er Jahre auf 8,6 Hz, Anfang des Jahres 2010 auf 11,6. Bis zum Jahre 2013 hat sie sich auf 13 Hz erhöht. Diese Zahl 13 ist dann die Zahl des neuen Zeitalters, denn der Maya Kalender endete am 21. Dezember 2012.

Wir brauchen nicht so fortzuleben, wie wir gestern gelebt haben.
Macht euch nur von dieser Anschauung los,
und tausend Möglichkeiten laden uns zu neuem Leben ein.

Christian Morgenstern

Windräder im Saarland.

Die Windräder

2008 habe ich im Saarland beispielhaft drei Windräder zwischen Dirmingen und Tholey radiästhetisch ausgewertet, bei Stillstand und Betrieb. Sind die Windräder in Betrieb, verändern sie die Frequenz der Natur.

Die radiästhetische – mentale und physikalische Messung

Bei Ruhe der Windräder, Stillstand der Rotorblätter		$= 10^{40}$
In Betrieb:	1 Windrad	$= 10^{55}$
	2 Windräder	$= 10^{70}$
	3 Windräder	$= 10^{85}$

Diese Frequenzen wurden vor Ort radiästhetisch gemessen.

Auch in einer Entfernung von 15 km Luftlinie, konnte ich in Eppelborn diese Frequenzerhöhung bestätigen.

Bei Stillstand der Räder liegt eine Frequenz von 10^{40} vor, bei Inbetriebnahme eine merkliche Erhöhung. Dies ist ein Eingriff in die Natur. Der Abstand der messbaren Energie (Aura) beträgt beim Betrieb der Windräder 30 km.
Die Intensität erhöht sich mit der Zahl der Windräder. Die Natur ist bei der Frequenz 10^{40} in Harmonie. Eine Disharmonie der Natur entsteht durch die Veränderungen der Frequenzen. Diese Frequenzen sind kosmische Strahlen und keine stehenden Wellen, also verändern Windräder die Natur.

Die Tiere

Frag doch das Vieh, das wird's dich lehren
und die Vögel unter dem Himmel, die werden dir's sagen
oder die Sträucher der Erde, die werden dich lehren,
und die Vögel im Meer werden dir's erzählen.
Hiob

Wer die Tiere liebt, liebt auch die Menschen. Bevor der Mensch die Tiere als Haustiere und Gebrauchstiere nutzte, lebten sie wild und in Freiheit. Der Mensch hat ihnen Namen gegeben, sie beobachtet erforscht und erkundet.
Er hat sie gezähmt, dressiert, gezüchtet und auch überzüchtet. Sie dienen dem Menschen heute als Nahrung und als Erwerbsquelle. Menschen halten Haustiere als Partnerersatz, zum schmusen, spielen und trösten. Wir können in Büchern unser Wissen über Tiere erweitern und Erfahrungen mit ihnen sammeln. Aber im Grunde genommen wissen wir sehr wenig über ihr Wesen, ihre Seele, ihre Gefühle, ihre Ängste und ihre Persönlichkeit. Viele Menschen sprechen den Tieren Seele, Sprache und Verstand ab. Doch auch das Tier hat seine Art der Verständigung, die der Mensch jedoch oft nicht versteht.
Jede Nation hat ihre eigene Sprache und eigene Dialekte. Das gleiche findet man auch bei den Tieren. So können sich zum Beispiel Wale oder Elefanten aus der Ferne verständigen. Das ist auch bei anderen Tieren und Pflanzen möglich. Es gibt Menschen, die die Sprache der Tiere verstehen, sie werden jedoch von vielen ihrer Mitmenschen nicht ernst genommen.
Jede Materie lebt und kann sich in ihrer eigenen Welt verständigen. Bei Tieren spricht man von Instinkt, doch lehnen viele den Begriff Verstand ab. Leider hat der Mensch seinen Instinkt fast verloren, für ihn zählt nur der Verstand. Jedoch sind Instinkt und Verstand eine Polarität, die zusammengehört.

Unter einer Abbildung eines Fisches war zu lesen:
„Ich bin du und du bist Ich.
Ich spreche in deiner Frequenz zu dir".
Dorothee Schank

Die Sprache der Menschen,Tiere, Pflanzen und der Erde

Die Sprache ist das Haus des Seins.
Martin Heidegger

Die Sprache der Menschen

Es gibt sehr viele Sprachen und Dialekte auf der Erde. Wir verstehen nur ganz wenige davon. Im eigenen Land versteht man die herkömmlichen, von Ort zu Ort verschiedenen Dialekte oft nicht, da sie zu unterschiedlich sind. Auch im Saarland gibt es viele Dialektformen, die auch ein Saarländer nicht alle versteht.
Am Anfang der Menschheitsgeschichte stand die Verständigung durch Laute und Gesten. Im Laufe von Jahrtausenden entwickelte sich die Sprache.
Verständigung erfolgt auch über die persönliche Ausstrahlung, zu der der persönliche Magnetismus zählt. Dieser Magnetismus kommt von innen und strahlt nach außen. Er ist jedem Menschen gegeben, jedoch in verschiedenen Frequenzen. Sind die Frequenzen in Harmonie, stimmt die Polarität. Die körperliche Anziehung ist bei jedem Menschen anders, denn jedes Individuum hat ein anderes Magnetfeld, keines gleicht dem anderen.

Die Sprache der Tiere

In meinem Leben hatte ich viel mit Tieren zu tun und auch mit Ihnen Freundschaft geschlossen. Ich erinnere mich noch gut daran, dass ein Bekannter einmal sagte: „Seit ich die Menschen kenne, liebe ich die Tiere." Das kann auch ich bestätigen.
Trotzdem liebe ich Menschen und Tiere. Der Unterschied zwischen Mensch und Tier liegt im Bewusstsein. Auch das Tier hat seinen Platz im göttlichen Schöpfungsplan. Der Mensch kann zum Beispiel Elefanten, die sich mit Tönen verständigen, nicht verstehen. Es sind Töne, die unserem Gehör fremd sind.

Unmenschen gibt es, aber keine Untiere.
Karl Julius Weber, Demokritos

Die Sprache der Pflanzen

Pflanzen können nicht sprechen – oder doch? Wir können Pflanzen nicht hören, wenn sie mit anderen Pflanzen kommunizieren.
Durch ihre Aura stehen sie auch mit uns Menschen in Verbindung. Es ist möglich durch liebevolles Zureden, eine kranke Pflanze wieder zum Blühen zu bringen. Pflanzen haben einen großen Überlebenswillen. Wir sehen, wie aus mancher Ritze einer Steinmauer oder eines Felsens sogar ein Baum wächst. Der feinfühlige Mensch sollte mit Pflanzen kommunizieren und ihre aufbauenden Schwingungen aufnehmen. Denn wie so oft in Natur und Kosmos ist vieles nicht zu sehen oder zu greifen, jedoch zu spüren.

Gar große Kräfte sind's, weiß man sie recht zu pflegen,
die Pflanzen, Kräuter, Stein in ihrem Innern hegen.
Shakespeare

Die Sprache der Steine

Ähnliches Verhalten wie Pflanzen und Tiere zeigen auch Steine, jedoch in anderer Form.
Beim Spaziergang mit Duska-Maria, die die Sprache der Steine versteht, haben meine Frau und ich Folgendes erlebt: Wir kamen an einem Bauzaun vorbei als Duska-Maria den Hilferuf eines Steines vernahm (wir hörten nichts). Sie reagierte wie verwandelt und nahm den Stein in ihre Hand. Wir konnten nichts Ungewöhnliches an ihm feststellen, für uns war es nur ein Stein. Duska nahm den Stein behutsam auf und brachte ihn an eine harmonische Stelle, an der er sich wohlfühlte. Nur begnadete, sensible Menschen können die Sprache der Mineralien hören. Jeder Stein hat sein Eigenleben, seine Schwingung, seine Energie. In der Vorstellung der Ureinwohner Nordamerikas schläft Gott im Stein, träumt in der Pflanze, erwacht im Tier und handelt im Menschen. Von allen Steinen geht eine magische Kraft aus, ob Kiesel oder Edelstein. Man sollte ihre Schwingungen erspüren lernen und eigene neue Erfahrungen sammeln. Steine sind beseelte Energiefelder.

Meine persönliche Erfahrung mit Tieren

Schon als 6jähriger hütete ich zwei Kühe: Frieda und Nelli. Tante Lena, eine sehr gütige Frau, ging mit mir zur Weide. Die beiden Kühe gehorchten ihr aufs Wort, aber auch mir. Am Abend brachte ich sie zurück in den Stall und gab ihnen zu trinken. Ich hatte mich auch mit anderen Tieren des Hofes: Kälbern, Schweinen, Ziegen und Hühnern angefreundet. Nach meinem Schulbesuch war ich fast jeden Tag bei Onkel Mathias und Tante Lena. Ich fühlte mich dort wie zu Hause. War ich müde, schlief ich in einer Kuhkrippe.

Im Frühjahr 1940 bekamen meine Eltern ein Schwein. Wenn ich nicht bei Onkel Mathias war, war ich bei unserem Schwein, das von mir den Namen Hansi bekam und in kurzer Zeit sehr gut auf mich hörte. Monate später, das Schwein wog inzwischen 3 Zentner, bin ich auf ihm geritten, bis man es mir verbot.

Im Herbst wurde ich mit meinem Kameraden Willi Schäfer zur Erholung an den Rhein gebracht. Eines Tages kam ein Brief von meiner Mutter. Da ich noch nicht lesen konnte, las eine betreuende Schwester mir den Brief vor. Darin stand: „Hansi ist tot“. Als ich das hörte, fing ich an zu weinen, und die Schwester weinte vor Mitleid mit mir. Nachdem sie mich fragte, ob Hansi mein Bruder sei, gab ich ihr zur Antwort: „Nein, das ist mein Schwein.“ So wie sie vorher mit mir geweint hatte, lachte sie nun. Das habe ich nie vergessen. Ungefähr 30 Jahre später erzählte mir meine Mutter, dass unser Schwein – mein Hansi – damals geschlachtet worden war.

Im Jahre 1946 fand ich im Nachbarort Eidenborn einen Fuchswelpen auf der Weide. Es war bei uns beiden Liebe auf den ersten Blick. Abends zeigte ich ihn Onkel Gregor. Er meinte: „Den bekommst du nicht groß, der stirbt in den nächsten Tagen“. Wir brachten ihn bei den Kühen unter. Der Welpe musste nicht mal angebunden werden. Er wuchs und gedieh, ich nannte ihn „Fuchs“ und er hörte aufs Wort. Mit der Zeit, als der Fuchs ausgewachsen war, sagte Onkel Gregor: „Wenn das Tier in seine Zeit kommt, läuft es mit seinesgleichen“. Damals verstand ich diesen Satz noch nicht, doch Onkel Gregor hatte recht. Nach geraumer Zeit war mein Fuchs verschwunden und kam nicht wieder.

Im Jahre 1996 war ich in Kärnten im Gasthof Peternell. Mein erster Gang war in die Stallungen zu den Tieren.

Die Wirtin Renate sagte mir, dass ein Kalb im Sterben läge und Walter, ihr Mann, es töten müsse. Ich ging sofort in den Stall, begrüßte die Tiere und widmete mich dem kranken Kalb. Nach einigen Tagen war das Kalb wieder gesund.

Acht Tage später fuhr ich wieder zurück ins Saarland. Ich verabschiedete ich mich von den Tieren und natürlich auch von meinem Kalb.
Es legte die Vorderbeine auf die Koppel und steckte den Kopf in meine Achselhöhle. Ich musste weinen. Die Geste des Kalbes war ein Danke dafür, dass ich ihm das Leben gerettet hatte.

Bäume sind Gedichte, die die Erde in den Himmel schreibt.
Kahil Gibran

Ich denke mir die Erde mit ihrem Dunstkreise gleichnisweise als ein großes lebendiges Wesen, das im ewigen Ein- und Ausatmen begriffen ist.
Goethe

Liebe

„Liebe ist eine zu allen Zeiten reife Frucht,
und in der Reichweite jeder Hand".
Mutter Theresa

Wenn heute die Rede von Liebe ist, wird damit meist die körperliche Liebe gemeint. Das war nicht immer so. Jesus hat in seiner Zeit vor 2000 Jahren von Liebe gesprochen, wie wir im Neuen Testament lesen können: „Liebet und ihr werdet geliebt".

Jesus spricht von Gottes-, Nächste-n und Menschenliebe. In seinen Predigten hat er von diesen drei Liebesarten gesprochen: Gott ist die Liebe, er ist überall im Universum. Der Mensch brauchte diese drei Arten der Liebe nur anzunehmen. Viele aber tun sich damit schwer, weil sie zur Liebe keine oder eine schwierige Beziehung haben und die von Jesus gepredigte Liebe nicht einordnen können.

Jesus hat gesagt: „Liebe Deine Feinde." Liebe ist Energie, aber sie ist zugleich viel mehr. Liebe heilt genau wie Licht. Wenn wir uns die Liebe als Licht vorstellen, kann sie uns am ehesten als „Maßeinheit" dienen.

„Das Herz der Seele aber heißt Liebe und das Pulsen derselben spricht sich in wahrer und voller Liebestätigkeit aus".
Joh. 1 221, 7-12

Liebe ist in der ganzen Welt vorhanden. Schon der Gedanke oder das Wort verbreiten sich mit Lichtgeschwindigkeit über den Erdkreis. Die Liebesgeschwindigkeit ist schneller als die Lichtgeschwindigkeit. Liebe ist ein Motivationselement, das der Mensch spürt, aber nicht sehen oder greifen kann.
Das Höchste im Universum und in unserem Sonnensystem sind Liebe und Licht. Sie können jedes Hindernis überwinden. Jeder Mensch sehnt sich nach Liebe, denn Liebe und Leben sind untrennbar. Wir brauchen Liebe zum Überleben, sie ist eine elementare Kraft.
Kinder, die ohne Liebe aufwachsen, nehmen Schaden an Körper Geist und Seele.

Das verhält sich auch bei Tieren so, denn ohne Liebe werden auch sie krank und verenden. Pflanzen ohne Liebe verkümmern.
Meine Pflanzen werden von mir gestreichelt und ich spreche mit ihnen. Lieblosigkeit trifft uns Menschen härter als die schlimmste Krankheit.

„Wer Liebe sät, muss auf die Ernte warten können."
Mutter Teresa

Liebe anzunehmen und weiterzugeben ist ein Lernprozess. Bei nahestehenden Personen fällt es oft schwer, Liebe weiterzugeben. Denn auch die Liebe muss und will erlernt sein. Fangen wir damit an, mit den Menschen in Gedanken zu sprechen: Wir sagen: „Ich habe Dich, beziehungsweise Euch lieb". Die Fähigkeit Liebe auszudrücken wird dadurch gestärkt. So gelangen wir zur Menschenliebe, Nächstenliebe und Gottesliebe.

„Die wichtigste Stunde ist immer die Gegenwart, der bedeutendste Mensch immer der, der Dir gerade gegenübersteht, das notwendigste Werk ist stets die Liebe".
Meister Eckart, deutscher Mystiker 1260 – 1327

Wie reagieren Menschen auf das Wort „Liebe"? Die Gedanken von Männern und Frauen richten sich zunächst auf die Sexualität. Die übergeordnete Schwingung des Wortes „Liebe" ist in Vergessenheit geraten. Die fünf Aspekte der Liebe sind jeweils mit unterschiedlichen Energien verbunden.
Die Gottesliebe ist die stärkste Form der Energie. Sie ist in jedem Menschen und im gesamten Universum vorhanden, sie ist jedoch verschieden stark ausgeprägt. Diese Energie lässt sich nicht messen, weil sie potenziert ist, aber sie durchdringt die Materie. Vielen Menschen fehlt die Liebe zu ihren Mitmenschen und zu Gott und seiner Schöpfung.

Ein Wort von Matthias Claudius:
„Die Liebe hemmet nichts, sie kennt nicht Tür und Riegel und dringt durch alles sich, sie ist ohn Anbeginn, schlug ewig ihre Flügel und schlägt sie ewiglich".

Die Liebe ist das größte Element des Universums und der Urgrund allen Lebens. Das Leben resultiert aus der Gesamtheit von Positiv und Negativ, von Licht und Schatten. Der Mensch sollte sich mit Liebe und Hass auseinandersetzen. Er wird im Leben mit beidem konfrontiert. Er muss erkennen lernen, was für seine geistige Entwicklung ausschlaggebend ist.
Papst Franziskus sagte im September 2013: *„Jeder hat seine Idee von Gut und Böse und sollte dem Guten folgen und das Böse bekämpfen, so wie er beides versteht. Das würde schon reichen, die Welt zu verbessern."*

Was wären wir ohne den Glauben? Im Leben spielt der Glaube eine zentrale Rolle. Er ist die Summe unserer erhörten Gebete.
Der Glaube verleiht dem Gebet Substanz. Er verbindet uns mit dem Gottesbewusstsein aus dem alle Antworten fließen.
Es ist die innere Einstellung, die uns Gewissheit gibt, ob wir sehen oder hören, wir glauben. Glaube drückt sich auf vielfältige Weise aus, vor allem durch Vertrauen, denn der Glaube kommt aus dem Herzen. Jesus sagte zu seinen Jüngern: „Was ich tue, das könnt ihr auch – sofern ihr glaubt". Dieser Satz hat auch heute noch seine Gültigkeit. „Vertraut und glaubt". Aus Vertrauen entstehen Glaube und Liebe. Die Liebe bewegt die Welt.

Das Gesetz der Liebe vor 2000 Jahren

Dieses Gesetz ist von der Menschheit nicht angenommen und auch nicht verstanden worden.

Die Liebe besteht nicht in Einbildungen und Worten,
sondern in der Kraft der Menschen die Last der Erde zu tragen,
ihr Elend zu mindern und ihren Jammer zu heben.
Johann Heinrich Pestalozzi

Hass

Hass ist der Gegenpol von Liebe. Liebe und Hass unterliegen dem freien Willen. Dieses Gottesgeschenk wurde den Menschen in die Wiege gelegt. Der Mensch ist das einzige Geschöpf mit einem freien Willen. Er kann wählen zwischen Liebe und Hass. Bekommt die Seele wenig oder keine Liebe wird sie krank. Eine kranke Seele ist oft die Ursache für organische Erkrankungen. Die Grundlage eines gesunden Körpers und einer gesunden Seele ist ein uneingeschränktes Gottvertrauen.
Unser Weltbild ist falsch. Wir bewegen uns in unserem Leben in eine falsche Richtung, weg von Gott, von Gottesliebe, Nächstenliebe und Menschenliebe.
Wir haben uns entfernt von reiner, uneigennütziger Liebe, von Wahrheit und Zufriedenheit.
Oft ist nur noch Leistung gefragt und anerkannt, auch das vermehrt die Lieblosigkeit unter den Menschen. Wer kann unter diesem Druck noch gesund bleiben? Der Mensch ist abgestumpft, er kann die eigene Seele nicht mehr spüren. Was heilsam wäre, wird nicht erkannt und abgelehnt. Liebe ist Kraft und Leben.
Gedanken und Gefühle sind wichtige Faktoren. Sie können rein, froh, liebevoll und selbstlos sein. Leider ist der Mensch oft negativ geprägt: kalt, ärgerlich, lieblos, eigensinnig und egoistisch. Jeder Gedanke löst im Körper bestimmte chemische Prozesse aus, die dem Charakter des betreffenden Gedankens entsprechen.

Liebe Deinen Nächsten

Vor 2000 Jahren lebte Jesus den Menschen die Liebe vor, doch wurde er damals und heute von vielen nicht verstanden.
Die Liebe, die vor 2000 Jahren von Jesus gepredigt wurde, war die Gottes- Nächsten und Menschenliebe. Viele haben jedoch die Bedeutung dieser Liebe nicht begriffen. Diese Liebesarten sind gleichwertig. Auch die Liebe zur Natur, zu Flora und Fauna gehört dazu. Die Liebe ist das höchste Gut des Menschen.
Sagt man den Menschen, wie Jesus es gesagt hat, „ich mag dich oder ich habe dich lieb", kann das in der heutigen Zeit zu Missverständnissen führen.

Das Kraftwerk Zelle

Die Zelle besteht aus den kleinsten Teilchen, den Quarks und Neutrinos. Wir befassen uns mit der Zelle als Kraftwerk.
Sind die Zellen in Ordnung , ist der Mensch gesund. Der Mensch kann seine Gedankenkraft einsetzen, um eine Polarität zu erreichen. Dazu müssen die Energien Plus und Minus in ihren Frequenzen gleich sein.

Sind die Zellenergien unterschiedlich, entsteht eine Disharmonie im Körper. Der Mensch ist oder wird krank.

Um Körperzellen sichtbar zu machen, bedarf es eines Mikroskops. Dazu meine Buchempfehlung: „Radiästhetische Impressionen"

Die Elektronen bewegen sich in elliptischer Form mit Lichtgeschwindigkeit um den Zellkern. Dadurch entsteht die Zellkraft. Die Anzahl der Elektronen bestimmt die Höhe der Energie.

Auch philippinische Ärzte und Heiler sehen die Entstehung einer Krankheit in der Disharmonie der Körperzellen. Sie führt zu einer „Energieverschiebung", die sich nach allen Richtungen ausbreiten kann. Der Energiekörper kann innerhalb oder außerhalb des Organismus sein. Ist zu wenig Energie in den Organen oder im gesamten Körper, können Krankheitserreger das Immunsystem schwächen, das Infektionsrisiko steigt.

Wie schon erwähnt, existiert etwas Unbekanntes zwischen Geist und Zellen. Wir glauben, dass sich unzählige Neutrinos im Universum befinden, und die Seele aus ihnen besteht. So kommt es zu einer Polarität zwischen dem Energiekörper des Menschen und seiner Seele. Nach meinen radiästhetischen Erfahrungen ist die Seele positiv und der Energiekörper negativ.
Zerreißt die Verankerung (die Silberschnur) tritt der Tod ein.

Es gibt viel Gründe für eine Energieverschiebung. Ich habe vielen Patienten durch meine Gedankenkraft und Magnetismus den Energiekörper erfolgreich einjustieren können.
Die Frequenz der Heilung ist bei jedem Heiler verschieden. Man weiß als Radiästhet, dass man nicht jedem Patienten helfen kann, denn die Strukturen der Frequenzen sind unterschiedlich.

Josef Georg 2012 in Lebach bei der Suche nach einer Wasserader

Reichtum und Armut

Wahrheit besteht nicht in Beweisen,
sie besteht im Zurückführen auf die letzte Einfachheit.
Antoine de Saint-Exupéry

Natürlichkeit und Menschlichkeit bedingen Anfang und Ende des menschlichen Daseins. Die Menschheit bevölkert seit ca.60.000 Jahren die Erde. Materialismus, Macht, Gier, Neid und Eifersucht bedrohen das Weiterbestehen der menschlichen Gemeinschaft.

Fast sieben Milliarden Menschen leben auf der Erde. Unser Planet könnte alle Menschen ernähren, doch leben die einen im Überfluss, die anderen dagegen in Armut. Das Gleichgewicht ist gestört.
Inzwischen wird das Ungleichgewicht zwischen Arm und Reich immer größer.

Es heißt: „macht euch die Erde untertan" und nicht: „zerstört sie."
Wir sagen nicht umsonst Mutter Erde, denn sie bedeutet Leben, und sie ernährt uns.
In früheren Zeiten konnte der Mensch in der Natur, den Pflanzen, Blumen, Bäumen, Sonne, und Regen die Schöpfung sehen und lieben. Die Menschen fühlten sich der Schöpfung gegenüber verantwortlich. Sie liebten die Erde und dankten ihrem Schöpfer für all diese Geschenke. Heute werden die vielen Gaben der Natur oft missachtet, statt dankbar damit umzugehen.

Die menschlichen Kardinaltugenden sind heute in Vergessenheit geraten. Aber nur durch diese Tugenden kann unsere Erde gesunden. Wir sollten den Weg des Herzens gehen.

Nur der Weg des Herzens führt zu einem dauerhaften Überleben der Erdbevölkerung. Ich habe dies In meinen Vorträgen immer betont, doch kommt es nicht bei allen Zuhörern an.
Wir sollten die Stimme des Herzens hören und danach handeln.

Die Erde ist keine Kugel

Groß ist die Ordnung des Universums,
denn sie hat sich nicht geändert.
Seit der Zeit des Osiris, der sie eingesetzt hat.
Ptahhoten, ein Hohepriester der Pyramidenzeit

So hat man die Erde noch nie gesehen. Die Erde ist nicht rund wie eine Kugel, sondern sieht aus wie eine Kartoffel.
Der europäische Satellit „Goce" hat dies durch Messungen belegt.

Die Pole der Erde wandern sehr langsam, mit ihnen die Kompassnadeln. Die Natur ist langsam aber beständig und genau.

Die beiden Pole – Nordpol = minus, Südpol = plus – sind nicht konstant. Die magnetischen und geografischen Pole des Nordpols liegen derzeit 500 km auseinander, dagegen die des Südpols mehr als 2500 km. Dies ist eine Disharmonie der Pole und ein Zeichen der Veränderung.

Radioaktiver Schrott in der Umlaufbahn

Raumfahrtmüll bedroht Satelliten und die Erde.
Die Umweltverschmutzung kennt keine Grenzen, selbst im All hinterlässt der Mensch Schrott. Trümmerteile der Raumfahrt fliegen mit einer Geschwindigkeit von Granaten um die Erde und stellen eine Bedrohung dar für Satelliten und Astronauten.

Die Erde ist umgeben von radioaktiver Energie, die schädlich für das gesamte Leben auf der Erde ist. Es ist nicht nur die Radioaktivität im All, es ist auch die Radioaktivität auf der Erde selbst. Diese Frequenzen sind für die Zelle disharmonisch und krankmachend.

Die Wissenschaft ist im Verhältnis zur Erde noch sehr jung. So glaubte man viele Jahrhunderte, die Erde sei eine Scheibe. Kopernikus (geb. 1473 in Polen) hatte schon vor Galilei festgestellt, dass die Erde rund ist.

Materie ist physikalisch und **Geist** ist mental. Wir leben heute in einer einmaligen Zeit, in der sich der Wechsel der Dimensionen vollzieht. Der Anfang der Menschheit war die erste Dimension, dann folgte die Zweite und die Dritte. (Die Dimensionen haben mit der Erhöhung des Bewusstseins zu tun). Wir sind schon seit Jahren von der dritten in die vierte und im Mai 2011 in die fünfte Dimension eingetreten. Das Bewusstsein hat sich in dieser Zeit enorm erhöht, hier war der freie Wille gefragt. Der freie Wille bedeutet: „Wähle das Gute = Gott die Liebe, oder das Böse = Satan"

Es liegt im Sinne Satans, dass beim Menschen der Materialismus die Oberhand hat, die Gier nach Reichtum und Macht. Ist unsere Erde überhaupt noch zu retten?

Sie ist verseucht durch hausgemachte Frequenzen und Radioaktivität. Noch gefährlicher als Radioaktivität ist das Haarp-Projekt.
Dabei werden Milliarden hausgemachter Frequenzen in das All geschleudert. Das **HAARP** (englisch ***H****igh Frequency* ***A****ctive* ***A****uroral* ***R****esearch* ***P****rogram*) ist ein US-amerikanisches ziviles und militärisches Forschungsprogramm, bei dem hochfrequente Radiowellen zur Untersuchung der oberen Atmosphäre, insbesondere der Ionosphäre ,eingesetzt werden.

Weitere Ziele sind Funkwelleneinsatz, um Kommunikation und Navigation zu erforschen. Betrieben wird die abgelegene Anlage nordöstlich von Gakona in Alaska von der University of Alaska, der US Air Force und der US Navy. Insgesamt waren 14 Universitäten an der Planung der Anlage beteiligt. Es wurden auch radarastronomische Experimente, wie das *Lunar Echo Experiment,* mit HAARP durchgeführt.

Schätzungsweise umkreisen 350 Millionen Objekte die Erde. Die Umlaufbahndaten von circa 1000 geschrotteten Satelliten sind bekannt. Diese „hausgemachten Frequenzen" beeinflussen die Zellen negativ und können verschiedene Krankheiten auslösen, die nicht diagnostiziert und geheilt werden können.

Die Zentralsonne, das Universum und der Mensch

Astronomen nehmen an, dass unsere Galaxie eine der kleinsten im bekannten Universum ist.
Das Universum ist so groß, dass der Mensch es kaum zu erforschen vermag. Sieht man Kosmos und Sonnensystem bildlich dargestellt, können wir nur unsere Sonne erkennen. In der Mitte unserer Galaxie ist ein helles Licht, heller als unsere Sonne. Diese Ursonne gibt dem Sonnensystem in unserer Galaxie Licht und Wärme.
Da sich die Galaxien in ihrer Größe verändern, müssten sich auch die Ursonnen verändern. So können wir annehmen, dass sich die größte der Galaxien direkt im Bereich der Zentralsonne = Gott beziehungsweise dem Schöpfungsprinzip befindet. Die Zentralsonne steht still und ist in ihrer Größe unvorstellbar.
Sie beinhaltet alle Energieformen, alle Strukturen im materiellen und feinstofflichen Bereich. Die Zentralsonne ist für alles verantwortlich im Guten wie im Bösen. Hier gibt es keine Zeitrechnung.

Das gesamte Universum hat zwölf Häuser oder zwölf Sternzeichen. Die Energie in der universellen Bewegung verändert sich täglich, stündlich, sogar im Sekundenbereich. Die Tierkreiszeichen unterliegen verschiedenen Bereichen, so hat zum Beispiel das Fischezeitalter die primitivste, das Wassermannzeitalter die höchste Form.

Wir sind am Ende des Fischezeitalters angekommen und befinden uns schon am Anfang des Wassermannzeitalters. Dazwischen liegt eine Bewusstseinsveränderung der Natur. Die Erde lebt und atmet und mit ihr der Mensch.

So wie sich die Natur in unserem Sonnensystem heute in ihrer Wandlung zeigt, verläuft auch im gesamten Universum eine Umwandlung der Materie, das betrifft auch alles was im Universum vorhanden ist. Es besteht eine Umwandlung der heute herrschenden Kräfte hin zur eigenen Geisteswandlung.

Die Zeit kommt aus der Zukunft, die nicht existiert,
in die Gegenwart, die keine Dauer hat,
und geht in die Vergangenheit, die aufgehört hat zu bestehen.
Augustinus

Unsere Galaxie im Universum

Wenn wir eine Aufnahme unserer Galaxie betrachten, sehen unsere Augen nur helle Punkte, die Sonnensysteme in unzähliger Zahl darstellen. Wie jede Galaxie ist auch unsere eine Spirale mit einem Energiefeld. Es gibt im gesamten Universum Energiefelder mit verschiedenen Frequenzen im Mikro- und Makrobereich.

Die uns bekannten Energien sind materiell, also messbar. Die Energien Plus und Minus sind uns bekannt. Dazwischen liegt der neutrale Energiewert, der von vielen Menschen als nichtexistent angesehen wird.

So sagte schon Max Planck:
„Die Naturwissenschaft wird auch in Zukunft, solange diese besteht, nicht die Quelle ausforschen".

1. Man sollte bedenken, dass unsere Wissenschaft im Verhältnis zur Erde noch sehr jung ist. Sie kann nur beweisen was heute technisch möglich ist.
2. Das Universum ist unendlich groß und von der Menschheit auch in Zukunft nicht zu erforschen.
3. Max Planck sagte „Materie ist verdichtete Schwingung". Materie und Schwingung hat Max Planck mit dieser Aussage ursächlich zusammengeführt. Er scheute sich nicht, Gott und das Schöpfungsprinzip als Ursprung zu nennen.

Wissenschaft ist nur eine Hälfte
Glauben ist die andere.
Novalis, Fragmente

Viele Physiker sind durch die Beschäftigung mit der Mathematik zu Gott gekommen. Erkenntnis fängt mit Vertrauen an. Glauben ist die Vorstufe der Erkenntnis und dies führt dann wieder zum festen Glauben an Tatsachen, die als wahr erkannt wurden. Materie ist der sichtbare Ausdruck eines übergeordneten höher dimensionalen Geschehens, dessen Beschreibung eines viel *umfassenderen Konzeptes bedarf als es die primitive materialistische Weltanschauung vermag. Die Behauptung mancher Wissenschaftler über ein unverstandenes Gebiet – „Das gibt es nicht" – ist völlig unwissenschaftlich. Man kann allenfalls sagen „ ich weiß es nicht"* (Dr. rer. nat. Wolfgang Ludwig 1998, Physiker, Forscher, Autor)

Die Zeiten verändern sich, und wir befinden uns in der vierten Dimension. Jedes Zeitalter hat eine An- und Ablaufzeit. Heute befinden wir uns in der Aura des Photonengürtels. Durch die Anziehungskraft des Photonengürtels kommt es zu großen Energieverschiebungen. Sie zeigen sich beim Menschen als Schmerzsymptome, Müdigkeit, Kopf- und Gliederschmerzen und andere unerklärliche Beschwerden, die nicht zu diagnostizieren sind.

Der Ursprung

Wir sind in einer Zeitenwende. Der heutige Mensch lebt im Materiellen und erkennt nur das an, was er sieht und fühlt. Das Feinstoffliche und Gott, das Mentale, sind unsichtbar, aber der Mensch fühlt es, wenn er sich seinen Glauben an das Feinstoffliche und an Gott bewahrt hat. Es gibt Menschen, die sich mit der feinstofflichen Energie und feinstofflichen Welt befassen, mit dem Ursprung der Materie. Auf sie sollte man nicht mit Herablassung schauen, denn in Zukunft wird man diese Energien eventuell nachweisen können. Diese Menschen sind mit ihren Erkenntnissen und Erfahrungen ihrer Zeit voraus.

Eigentlich sehen wir nur das, woran wir zu glauben fähig sind,
allein das, was nicht allzu sehr die Grenzen unserer eigenen Natur überschreitet.
Stanislaw Bzozowksi

Die Zentralsonne

Der Mensch hat freien Willen – das heißt,
er kann einwilligen ins Notwendige.
Friedrich Hebbel

Die Zentralsonne speist das gesamte Universum mit Licht. Jede Materie besteht im Ursprung aus Licht, doch ist es uns nicht möglich, dieses zu sehen.
Der Mensch hat eine Sonderstellung im Universum, er ist auf dem Lernplaneten Erde zu Hause – in der Materie.

Die Zentralsonne = Gott

Sie ist das Schöpfungsprinzip der Seinsform aus der Zentralsonne. Die Zentralsonne ist zuständig für das gesamte Universum, für das Geistige, Feinstoffliche und die Materie, sie ist verdichtete Schwingung.
Der Aufbau der Materie kommt aus der Zentralsonne, dem „Licht" und wenn man bedenkt, dass Materie Licht ist, so ist es die primitivste Form.

Die Zentralsonne und ihre 6 Ursonnen

Um die Zentralsonne bestehen im Universum die Galaxien, die schwarzen und weißen Löcher. Das schwarze Loch hat die Funktion des Ansaugens, das weiße Loch die des Abstoßens. Dadurch entsteht eine Polarität , die auch wissenschaftlich nachweisbar ist.

Staffelung der Sonnen
Im esoterischen Bereich gibt es 7 Sonnensysteme.
Die Zentralsonne, das Schöpfungsprinzip
Die erste Ursonne
Die zweite Ursonne
Die dritte Ursonne
Die vierte Ursonne
Die fünfte Ursonne
Die sechste Ursonne

Diese Sonnen sind im Universum vorhanden, ihre Helligkeit geht von der Zentralsonne aus. Diese speist sämtliche Ursonnen, deren Sonnensysteme und Kosmen und zugleich das gesamte Universum.
Im Verhältnis zu dieser Lichtstärke stehen wir in unserem Sonnensystem gegenüber der Zentralsonne im Dunkeln. Die Lichtstärken verändern sich durch die Ursonnen. Unser kosmischer Bereich liegt in der sechsten Ursonne, die umgeben ist von unserer Galaxie.

Was ist Seele

Die Seele ist die Hülle des Geistes

Die Seele eines Menschen oder Hülle des Geistes ist in ihrer Gesamtheit ein Fluidum, in dem alle in der Natur bestehenden Naturgesetze aller Daseinsformen des Mineral-, Pflanzen- und Tierreiches in Keimform enthalten sind. Der Seelenkörper oder Empfindungskörper wird auch Fluidalkörper – Astralkörper – Nervengeist – und so weiter genannt. Die Seele hat ihren Sitz im Herzen und verteilt sich als Seelenkörper im gesamten Körper.
Die Seele ist die Verbindung zwischen Körper und Geist. Diese Verbindung nennt man im Esoterischen „Silberschnur". Sie ist ein Verbindungsglied zwischen der Zellenergie und kann sich nach allen Richtungen verschieben. Diese Seelen-Zellenergie wird auf den Philippinen zur Diagnose und Therapie angewendet. Diese Therapie habe ich erlernt und wende sie nach meiner radiästhetischen Diagnose mit Erfolg an.

Dieser „Seelenkörper" wird in der Diagnose „Energie-Körper" genannt. Die Verbindung zwischen Seele, Geist und Körper nennt man im herkömmlichen Sinn „Verankerung" und im Esoterischen „Silberschnur". Zerreißt diese Schnur, tritt der Tod ein. Man sollte deshalb keine Angst vorm Tod haben: „Denn Leben ist Tod und Tod ist Leben"

Was ist Geist?

Das Wort „Geist" wird als Ausdruck für zwei verschiedene Bezeichnungen gebraucht.
Mit Geist wird ein fluidales Einzelwesen, die Individualität einer Person bezeichnet, jener Lichtfunken, jenes fluidische Sternchen, das wir selbst sind: „Das Ich oder Selbst." Der Geist bleibt ein Einzelwesen mit all seinen von Gott gegebenen Eigenschaften, die Ihn erst zu einem selbstbewussten Geiste machen: göttliche Liebe, freier Wille, Bewusstsein, Intellekt und Intelligenz.
Der Sitz des Geistes ist in der Hypophyse, der übergeordneten Drüse sämtlicher Drüsen. Ebenso ist sie der Sitz physischen Lebens.
Die Epiphyse wird im Volksmund das „dritte Auge" genannt und liegt hinter den Augen im Gehirn. Sie ist verantwortlich für die Lichtaufnahme und gibt die Lichtquanten oder Photonen an die menschlichen Zellen ab.
Es entsteht eine Einheit zwischen Körper – Seele – Geist. Stirbt der Körper, hält die Silberschnur, vom Tode des Menschen an gerechnet, noch drei Tage die Verbindung zwischen Körper, Seele und Geist. Danach löst sie sich vom Körper und tritt mit der Seele in den Geist über. Geist und Seele bilden dadurch eine Einheit.
Dies ist der Kreislauf zwischen Leben und Tod.

„Gesegnet seist Du machtvolle Materie, unwiderstehliche Evolution, immer neu geborene Wirklichkeit. Du, die du in jedem Augenblick unseren Rahmen sprengst, uns zwingst die Wirklichkeit weiter zu verfolgen".
Teilhard de Chardin

Alles was lebt, lebt im Licht, alles, was existiert, strahlt Licht aus.
Alle Dinge empfangen ihr Leben vom Licht,
und dieses Licht ist in seiner Wurzel selbst Leben".
Paracelsus

Das Licht.

Am Anfang der Evolution befand sich der Mensch in der ersten Dimension. Bewusstsein, Licht und Dunkel waren vorherrschend.
Der Schatten wurde von der Dunkelheit überlagert.
Im Laufe der Zeit konnte man Schatten von der Dunkelheit unterscheiden. Heute leben Mensch und Natur zwischen der dritten und der vierten Dimension. Im Zeitenwechsel erleben Natur und Mensch eine Erhöhung des Bewusstseins.
Eine Dimension ist ein Zeitgeschehen ohne Angabe einer bestimmten Zeit. Ein Zeitalter dagegen ist ein Zeitgeschehen mit einer Zeitangabe. Da das gesamte Universum in Bewegung ist, bewegen wir uns mit Lichtschnelligkeit auf den Photonengürtel zu. Erreicht unser Kosmos den Photonengürtel, sind wir in der vierten Dimension angekommen.

In der Mitte des Universums ist die Zentralsonne, um die Zentralsonne befinden sich sechs Ursonnen benannt mit der Zahl 1, um die Ursonnen 1 befinden sich zwölf Ursonnen benannt mit der Zahl 2, jede Ursonne von 3 – 4 – 5 – 6 verdoppelt sich wie Ursonne 1 und 2.

Diese Ursonnen umkreisen die Zentralsonne. Zwischen den 6 Ursonnen verteilen sich die Sonnen und ihre Systeme, Kosmen, Galaxien, schwarze und weiße Löcher und so weiter. Das heißt, dass sechs Ursonnen unsere Galaxie und deren Sonnen mit Licht speisen. Durch die Energieveränderung erhöht sich die Lichtenergie in der menschlichen Zelle. Die Zeit zwischen der dritten und vierten Dimension wird schwer für uns Menschen. Wenn wir in die vierte Dimension eintreten, vergeistigt sich der Mensch. Das Bewusstsein erhöht sich. Diese Erhöhung ist seit Menschengedenken einmalig, es ist eine Lichterhöhung.

„Dass das Weltall in seiner vielleicht niemals gänzlich erfassbaren Unermesslichkeit nicht aus Zufall existiert, ist – bei aller Bescheidenheit – offensichtlich. Es stellt uns vor das höchste Rätsel, fordert unser logisches Denken bis zum Äußersten und ringt uns Ehrfurcht durch seine imposante Größe ab.
Peter Ustinow

Die männliche und weibliche Erde.

Es gibt im Universum eine männliche und eine weibliche Erde. Sie unterscheiden sich durch Liebe, Gefühle und Emotionen.
Die weibliche Erde hat eine positivere Entwicklung genommen, die männliche dagegen nicht. In ihr haben Geld, Gier und Machtstreben die Oberhand gewonnen.
Erwähnt seien hier Atomenergie, Haarp-Projekt, Smog und Umweltgifte. Viele Katastrophen sind vom Menschen verursacht, wie zum Beispiel Hungersnöte, Zerstörung und Verödung von Landschaften, der Anstieg der Meere, Ausrottung von Tieren und Pflanzen. Dazu kommen noch Neid, Gefühllosigkeit und Aggressionen.

Der Mensch muss endlich umdenken. Glaube, Hoffnung und Liebe sind auf unserem Lernplaneten Erde ausschlaggebend.

Meine Aufforderung: betet, meditiert, glaubt ,hofft und liebt.

„Das erfuhr ich unter Menschen als Wunder größtes, dass Erde nicht war,
noch Himmel darüber, noch irgendein Baum noch Berg,
nicht war noch irgendein Stein noch Sonne schien,
noch Mond nicht leuchtete noch das gewaltige Meer.
Als da nirgend war an Enden und Wenden,
da war doch der eine allmächtige Gott."
(Wessobrunner Gebet)

Veränderung der Natur

„Was gegen die Natur ist, das ist gegen Gott".
Friedrich Hebbel

Die Frequenzen erhöhen sich im Universum und auf der Erde. Dadurch verändern sich Materie und die Natur. Die männliche Erde wird immer mehr Risse bekommen, die zu einem Austreten von Lavamassen führen werden, auch Erdbeben und Vulkanausbrüche werden zunehmen. Das Wasser wird sich in der Quantität verändern. Bis jetzt befinden sich 70% Wasser und 30% feste Masse auf der männlichen Erde. Vieles wird sich verändern, aber die Erde wird bestehen bleiben.
Bei einer Veränderung der universellen kosmischen Erdfrequenzen passt sich auch die atomare Struktur den Frequenzen an. Der Abstand der Elektronen vom Kern wird sich in seiner elliptischen Form vergrößern.

Diese Veränderungen im atomaren Bereich sind wissenschaftlich noch nicht belegbar.

„Glaubt, hofft und vor allem liebt
Und ihr werdet die Welt verändern."
Dietrich Bonhoeffer

„Das menschliche Verhalten führt zu einem gewaltsamen Ende.
Ab dem Zeitpunkt, wo das gewaltsame Verhalten geändert wird,
ändert sich zwangsläufig auch das Ende"
Charles Dickens, 19. Jahrhundert

Ginkgo Blätter

Der Ginkgo Baum widersteht der Atombombe

Katastrophen kennt allein der Mensch, sofern er sie überlebt.
Die Natur kennt keine Katastrophen.
Max Frisch, Holozän

Beim Abwurf der Atombomben auf Hiroshima und Nagasaki wurden riesige Mengen an Radioaktivität freigesetzt. Als einzige Pflanze überlebte der Ginkgo Baum die Explosionen in den beiden Städten. Die Bäume verbrannten, wurden vernichtet, doch ihre Wurzeln trieben wieder aus. Somit können Ginkgoextrakte dazu beitragen, aufgenommene Radioaktivität zu neutralisieren.
Der Ginkgo Baum überlebte nicht, aber die Wurzeln. Das ist ein Hinweis auf das Gleichheitsgesetz.

Ginkgo als Neutralisator

Ginkgo hat die Fähigkeit Radioaktivität, Elektrosmog, stehende Wellen, Wasseradern, Verwerfungen und Gebirgsbrüche auszugleichen.
Ich testete radiästhetisch: Gingium 20 – 120 –240 mg in Tablettenform von der Firma Hexal und eine 2 ml Ampulle der Firma Hevert.
Die Untersuchungen wurden von mir mental ausgewertet.

Gingium 40 mg

Frequenz	=	10^{20}
Neutralisation		ja
Stärke	=	3
Aura	=	300 m

Gingium 120 mg

Frequenz	=	10^{20}
Neutralisation		ja
Stärke	=	20
Aura	=	300 m

Gingium 240 mg

Frequenz	=	10^{20}
Neutralisation		ja
Stärke	=	60
Aura	=	800 m

Ampulle – Hevert – Ginkgo –birloba

Frequenz	=	10^{20}
Neutralisation		ja
Stärke	=	70
Aura	=	800 m

Im Bedarfsfall genügen 240 mg Gingium, unabhängig von der Intensität der Strahlung.

Die Frequenz in der Aura = Abstrahlung bleibt bestehen, nur die Stärke schwächt sich auf null ab. Das Gingium Extra 240 mg hebt die negative Wirkung von Elektrosmog, Wasseradern, Verwerfungen, Gebirgsbrüchen, Stollen und so weiter auf.
Die Präparate 40mg und 120 mg sind zur Neutralisation von krankmachenden Strahlen nicht ausreichend, jedoch das Gingium Extra 240 mg.

Das Ginkgoblatt

1. Ich habe ein Ginkgoblatt zerkleinert, danach konnte ich radiästhetisch festgestellen, dass das Blatt eine viel stärkere Energie aufweist, als das Ginkgopräparat 240 mg.
2. Die Untersuchung, die ich radiästhetisch durchführte, ergab: Ginkgo Extrakt, den die Hersteller mit anderen Präparaten mischen, hat eine Frequenz von 10^{2o}.
3. Ginkgo – Blätter haben eine Frequenz = 10^{100}, eine Aura von 3000m -. Neutralisieren = ja, Stärke = 400.

„Habt Ehrfurcht vor dem Baum, denn er ist ein einziges großes Wunder, und euren Vorfahren war er heilig.
Die Feindschaft gegen den Baum ist ein Zeichen der Minderwertigkeit eines Volkes und niederer Gesinnung des Einzelnen."
Alexander Humboldt 1769-1859

Der Ginkgo wächst auf der ganzen Welt. Der Baum und seine Blätter überlagern durch ihre hohe Frequenz radioaktive Strahlen, sowie alle krankmachenden Strahlen. Ich rate meinen Mitmenschen sich durch Einnahme von Gingium 240 mg oder von zerkleinerten Ginkgoblättern vor negativen Strahlungen zu schützen.

Ginkgopräparate sind in ihrer Energie-Aura-Stärke so abgeschwächt, dass die Blätter als Urtinktur zu betrachten sind.
Der Ginkgo Baum hat dieselbe Frequenz, sowohl in frischen Blättern, als auch im getrockneten Blatt. In der Umgebung des Ginkgo Baumes sind die Frequenzen unterschiedlich. Der Mensch sollte die heilende Kraft des Ginkgo Baumes nutzen.

Eine große Hilfe war mir bei der Auswertung der Radiästhet
Peter Maurer, Eppelborn-Humes, der auch von mir erfolgreich ausgebildet wurde.

Das Atom

Es ist eine ewige Erfahrung,
dass jeder der Macht in den Händen hat
geneigt ist sie zu missbrauchen.
Er geht soweit, bis er Schranken findet.
(Montesquieu, Geist der Gesetze)

Das Atom wurde 440 v. Chr. durch die griechischen Philosophen Demokrit und Leukipp entdeckt. Demokrit nannte es „Atom“ (das Unteilbare). Sie konnten aber die Existenz des Atoms nicht beweisen und wurden deshalb von Philosophen ihrer Zeit in Frage gestellt.
Seither sind über 2000 Jahre vergangen. Die Menschheit hat seither viel positives aber auch viel negatives dieser Entdeckung erfahren. Wir können heute sagen, dass die Gefahr, die von der Atomkraft ausgeht, sehr groß ist. Die Atomtechnik kann Menschheit und Erde zerstören.

1919 machte der britische Forscher Ernest Rutherford mit seinen atomaren Experimenten große Fortschritte. Er verweigerte zwar den Militärs den Zutritt zu seinen Arbeitsstätten, konnte aber nicht verhindern, dass seine Forschungsergebnisse zu Kriegszwecken missbraucht wurden.
Die Atomforschung hatte bereits 1915 begonnen. Jedoch ohne Radium konnte Rutherford keine Atomversuche machen. Das wertvolle Element wurde 1914 im Uranerzlager im böhmischen Joachimsthal gefunden, damals im Feindesland. Auch während des Krieges blieb Ernest Rutherford mit seinen Kollegen in Deutschland, Österreich und Ungarn in Kontakt, auch mit seinem Assistenten Hans Geiger, nach dem später der „Geigerzähler“ für die Messung der Radioaktivität benannt wurde.
Ein enger Mitarbeiter von Rutherford war James Chadwick, der spätere Nobelpreisträger. James Chadwick war in deutscher Kriegsgefangenschaft. Er schrieb im Mai 1918 an Rutherford : Wir arbeiten an der Bildung von Kohlenstoffen durch Lichtbestrahlung.
Damals gab es drei Atomforschungszentren: Cambridge (Rutherford), Kopenhagen (Niels Bohr) und Göttingen (Max Born, James Frank und David Hilbert).

Die drei Göttinger stellten die neue Entdeckung der Engländer und Dänen infrage. In dieser Zeit hatte Einstein Raum und Zeit für relativ erklärt und Materie als festgefrorene Energie definiert. Rutherford glaubte bis zu seinem Tod 1937, dass er die Freisetzung der im Atom schlummernden Energie nicht mehr erleben werde.

1921 veröffentliche der deutsche Physiker und Nobelpreisträger Walther Nernst die Ergebnisse Rutherfords. Er schrieb, der zündende Funke sei noch nicht gefunden.
Die Grundlagen der Atomforschung entstanden in den zwanziger Jahren durch die Zusammenarbeit vieler Wissenschaftler aus verschiedenen Ländern. Nils Bohr war der Mentor der Gruppe. Der Mathematiker Klein regte eine engere Zusammenarbeit von Mathematikern und Physikern an, um die Forschungsarbeiten zu beschleunigen.

Laut Hilbert ist die Physik in der modernen Naturforschung ohne die Mathematik nicht möglich, beide Wissenschaften müssen zusammenarbeiten. Max Born wurde von David Hilbert im Jahre 1921 nach Göttingen berufen. Es war die Blütezeit der Göttinger Atomphysik. Anschließend kam James Frank nach Göttingen, er bekam 1925 den Nobelpreis. Hilbert, Born und Frank waren wegen ihrer großen Begabung und ihres Fleißes für die Forschung unentbehrlich.

Frank war mit ganzem Herzen Physiker. Er sah die künftige Entwicklung der Physik voraus, wie ein Mystiker des Mittelalters. Wörtlich sagte er: *„Ich kann spüren, dass ein neuer Gedanke wirklich wichtig ist, wenn mich dabei plötzlich ein Gefühl tiefen Schreckens ergreift."*
In der Atomforschung wurden Lehrer und Schüler zu Freunden. Professoren teilten Irrwege und Zweifel freimütig mit, so auch James Frank, in dieser Zeit schon Nobelpreisträger. Ein Höhepunkt jeder Semesterwoche war die Zusammenkunft von Born, Frank und Hilbert mit ihren Studenten.
Im Wintersemester 1926 schloss sich ein hochbegabter amerikanischer Student der Gruppe an. Sein Name war J. Robert Oppenheimer, den die Zeitungen im August 1945 erstmals als den „Vater der Atombombe" vorstellten.

Mit Oppenheimer kamen viele Amerikaner zum Physikstudium nach Deutschland an die Göttinger Universität Georgia Augusta. 1924 - 1932 wurden dort die theoretischen Grundlagen der Atomspaltung erforscht.

Enrico Fermi, ein junger Physiker, kam 1921 zu der Göttinger Gruppe. 1938 erhielt er als Assistent von Max Born mit 32 Jahren den Nobelpreis für Physik. Auch der junge Österreicher Fritz Houtermans hatte sich 1927 der Gruppe angeschlossen. Die Forschergruppe hatte mit ihren Arbeiten die Grundlagen zum Bau der Atombombe gelegt.

Auch der Physiker Atkinson hat an Rutherfords Atom-Umwandlung in Cambridge mitgewirkt. So begann die Arbeit an der später so berühmt gewordenen Theorie von Atkinson und Houtermans über thermonukleare Reaktionen unserer Sonne. Sie gingen davon aus, dass die Sonnenenergie atomaren Prozessen unterliegt. Ein Gedanke, der zur Weiterentwicklung der Wasserstoffbombe und zur Bedrohung unserer Erde geführt hat.

Junge Physiker wie Eugen Wagner, Leo Seilard und Edward Teller, bereicherten in Göttingen, Hamburg und Berlin durch ihre Beiträge die Atomphysik.
Alle Arbeiten von Einstein und Bohr wurden damals von den deutschen Machthabern abgelehnt. Es war „jüdische" Physik. Einstein wurde damals scherzhaft „Giovanni Fortissimo" genannt. Seit Beginn des Dritten Reiches (ab 1933) konnten die Leistungen nie mehr an die der zwanziger Jahre anknüpfen. Während dieser Zeit war die NSDAP so mächtig und die Angst vor ihr so vorherrschend, dass viele Atomforscher Göttingen verliesen.

Der Physiker Carl Friedrich von Weizsäcker, Sohn eines deutschen Diplomaten und der Ungar Edward Teller waren enge Freunde und hatten während des Dritten Reiches in Kopenhagen bei Bohr studiert. Als im Jahre 1939 ein kleiner Kreis von Physikern in die USA emigrierte, gehörte zu ihnen auch Teller. Die amerikanischen Militärs hatten ihn mit dem Bau der Atombombe beauftragt und zum Chefentwickler ernannt.

Teller schrieb auch Gedichte:
„Der Herr nimmt alle, die er schlägt und liebt
und entführt sie von der Erde.
Es flammt ihr Herz, ihr Gehirn ist Eis.
Die Erde lacht zu ihnen herauf,
und mitleidig streut Diamantenstaub
die Sonne auf ihren einsamen Lauf"

Im Jahre 1932 entdeckte James Chadwick den Schlüssel zur Spaltung des Atoms, das Neutron. Lord Rutherford hielt im Herbst eine Rede, in der er sagte, dass Forscher, die eine Freisetzung der Atomenergie vorhersagten, vom Mond reden. Der ungarische Atomphysiker Szilard war sich der Gefahren der atomaren Kettenreaktion bewusst und regte an, weiterführende Forschungsergebnisse nicht mehr zu veröffentlichen, doch sein Vorschlag fand kein Gehör.

Als die Welt im Sommer 1945 die verheerende Wirkung der Atomkraft erlebte, war dies eine Wende in der Weltgeschichte. Sieben Jahre sollte es dauern, bis man die volle Bedeutung des Neutrons erkannt hatte. Während dieser Zeit hatte man das Neutron gespalten und begann zu erahnen, welche Energie im Atom steckt. Die Wissenschaftler waren sich dessen vorher nicht bewusst.

Neutron

Die Entdeckung des Neutrons war Rutherford 1932 in Cambridge gelungen. Auf dem Züricher Physiker Kongress 1931 waren die deutschen Physiker Bothe und Becker anwesend. Sie hatten eine starke Strahlung festgestellt, die nicht zu erklären war. Forscher anderer Länder versuchten diese Strahlen zu ergründen. Frédéric Joliot-Curie und seine Frau Irène lösten das Rätsel nur teilweise. Kurze Zeit später, verkündete auch James Chadwick, dass es sich bei dieser Entdeckung um Neutronen handele.
Wie das „Krokodil" frisst sich der Fortschritt weiter. (Krokodil war der Spitzname von Rutherford). Rutherfords bester Atomphysiker war der Russe Pryotr Kapitzka. Rutherford schickte seine Laborausrüstung nach Russland, und die russische Regierung hofierte ihn.

1937 starb Rutherford, einer der großen Pioniere der Atomforschung. 1934 beschoss man die ersten 8 Elemente des Periodensystems mit Neutronen. Bei dem neunten Element „Fluor" begann der Geigerzähler zu ticken, man hatte künstliche Radioaktivität erzeugt. Fermi entdeckte, dass beim Beschuss von Schwermetallen ein hohes Maß an Radioaktivität erzeugt werden konnte. So entdeckte er das Element Uran. Hahn und Straßmann publizierten die Ergebnisse der Uranspaltung 1938 in der „Zeitschrift für angewandte Chemie". So wurde öffentlich, dass es zu Kettenreaktionen und Kernspaltung gekommen war. Otto Hahn soll in einem Kollegenkreis ausgerufen haben: *„Das kann Gott nicht wollen".* Auch Szilard dachte über die verheerenden Folgen eines Wettrüstens nach. Die Atombombe wurde 1945 Realität.

Los Alamos

In Los Alamos entstand das „Manhattan Projekt". Den dort tätigen Atomforschern war die ganze Tragweite ihrer Arbeiten nicht bekannt. Es hatte ein Wettlauf zwischen Hitlerdeutschland und den Alliierten begonnen. Im Herbst 1943 wurde eine Nachrichteneinheit mit dem Decknamen „Alsos" geschaffen, die Informationen über den Stand der deutschen Atomforschung sammeln sollte.

Der Chef dieser Einheit war Oberst Boris Pash, sein Vorgesetzter General Groves. Nach der Kapitulation 1944 marschierte Pash als erster mit seinen Truppen in der Universitätsstadt Straßburg ein. Seine Spezialeinheit besetzte das physikalische Institut der Universität, dessen Chef Carl-Friedrich von Weizsäcker war, der den Amerikanern hatte entkommen können.

Vier deutsche Physiker wurden interniert. Es fanden sich aber zahlreiche handschriftliche Dokumente, die von Weizsäcker zurücklassen musste. Die Mission "Alsos" misstraute jedoch von Weizsäckers Manuskripten und seiner Einstellung zu dem NS-Regime. Goudsmit wurde mit Nachforschungen beauftragt, denn man befürchtete in Washington eine List Hitlers. Das „Manhattan Projekt" schritt zügig voran.

In Hanford wurden 60 000 Bauarbeiter eingesetzt und in Los Angeles arbeiteten 7 Abteilungen an dem Geheimprojekt. Schon im Frühjahr 1945 wurde eine Gruppe für das „Manhattan Projekt" ausgegliedert, die sich mit dem Abwurf der Bombe beschäftigte. Dieses Team bestand aus Mathematikern, Physikern, Spezialisten für Explosionswirkung und Wettersachverständigen. Angedachte Ziele für Bombenabwürfe waren Hiroshima, Kohura, die japanische Tempelstadt Kyoto und Nigata. Kyoto wurde jedoch von der schwarzen Liste gestrichen.

Im Sommer 1945 wurde ein Atombombenversuch vorbereitet. Über den Einsatz der Bombe hatten vier Atomphysiker zu entscheiden: Compton, Fermi, Oppenheimer und Lawrence. Sie beschlossen am 6. Juni in Los Alamos den Start des Experimentes.
In der Wüste wurde ein hohes Eisengerüst erstellt, auf dem die Atombombe montiert wurde. Wegen der Witterungsverhältnisse verzögerte sich die Zündung der Bombe bis in die Morgenstunden. Da am 14. und 15. Juli schwere Gewitter in Los Alamos niedergingen, wurde das Experiment erneut verschoben. Nach der Explosion der Bombe wurde der Feuerball immer größer. Es war zu einer Kettenreaktion gekommen. Alle waren von der Explosionskraft und der Gewalt dieser Atombombe überrascht. Dreißig Sekunden nach der Explosion entstand eine gewaltige Luftdruckwelle.

Viele Wissenschaftler unterschrieben danach eine Petition, die Bombe nie einzusetzen.

Und doch warfen US-Bomber am 6. und 9. August 1945 auf Befehl von Präsident Truman Atombomben auf die japanischen Großstädt Hiroshama und Nagasaki. 155.000 Menschen starben sofort, weitere 110.000 innerhalb weniger Wochen durch radioaktive Verstrahlung. Bis heute sterben noch Menschen an den Spätfolgen.

Die Information des Wassers

*„Wasser ist das Grundprinzip aller Dinge,
aus welchem alles entstanden ist....
fortwährend entsteht und wohin auch alles wieder zurückkehrt.
Die Veränderung der Dinge leitet sich
aus der Verdichtung und Verdünnung ab."*
Aristoteles

Ich befasse mich schon mehrere Jahre mit der Information des Wassers. Wasser bringt Leben und manchmal auch den Tod. Ohne Wasser gibt es kein Leben für Menschen, Tiere und Pflanzen. Wasser muss sauber sein, mit Sauerstoff und Mineralien angereichert. Auch sollte das Wasser reich an Energie sein. Eine Überlagerung der Energie ist empfehlenswert, jedoch muss die Harmonie stimmen. Bei einer radiästhetischen Auswertung müssen die Schwingungen gleich sein. Eine höhere Frequenz überlagert alle anderen Frequenzen.
Die Information des Wassers wird von anderen Wassern aufgenommen. Das heißt das Wasser behält die Frequenz und gibt sie wieder an Cluster, Moleküle und Atome ab. So bleibt die Struktur des Wassers erhalten. Die Frequenzüberlagerung spielt dabei eine wichtige Rolle.
Es gibt in der Radiästhesie mehrere Möglichkeiten Erkenntnisse zu gewinnen. Eine Möglichkeit ist es, mit Hilfe eines Trennstriches zu arbeiten, die andere mit Hilfe eines Verbindungsstriches. Beim Trennstrich ist die Harmonie nicht gewährleistet, Partner passen nicht zusammen. Anders verhält es sich beim Verbindungsstrich. Dieser deutet auf Harmonie hin. Die Untersuchungen werden mit Pendel oder Einhandrute ausgeführt, doch ist dies mit der Einhandrute schwieriger. Für eine Frequenzbestimmung benutze ich vorwiegend das Pendel als Arbeitsmittel. Dies ist jedoch eine persönliche Vorliebe, andere Radiästheten bevorzugen Einhand- oder Gabelruten.
Informationen, die vom Wasser aufgenommen werden können, sind: Töne, Gedanken und Materie. Wegen des Wassers wurden schon viele Kriege geführt. Neben reinem energiereichen Wasser gibt es auch Heilquellwasser, das vielfach genutzt wird.

Der Wassergehalt eines menschlichen Körpers

Bei einem erwachsenen Mann mit einem Gewicht von 70 kg beträgt der Wasseranteil ungefähr 42 Liter. Etwa 1,5 Liter Wasserabgabe erfolgt täglich durch Urin, Darm, Hautschweiß und Atem. Die Körpertemperatur wird durch Wasser reguliert, hier liegt die Temperatur durchschnittlich bei 36⁰ Celsius. Wird dieser Wert überschritten, spricht man von Fieber, liegt die Temperatur unter diesem Wert von Unterkühlung. Die Säfte des Magens, der Bauchspeicheldrüse und des Speichels bestehen zu 98 % aus Wasser.

Sauberes Blut

Der Schlüssel zu Gesundheit, Vitalität und Jugend liegt im Blut. Das Blut sollte freigehalten werden von anorganischen Mineralien und toxischen Säuren. Stoffe, die unser Blut belasten, sollte man meiden.

Destilliertes Wasser

Heutzutage ist es durch die Verunreinigung des Grundwassers schwierig geworden, sauberes Wasser zu bekommen. Vor Jahren konnte noch Regenwasser, das einer natürlichen Destillation unterliegt, getrunken werden. Wegen der Umweltverschmutzung ist es heute gesundheitsschädlich Regenwasser zu trinken.
Der Satz von Hippokrates: *„Lasst die Nahrung Eure Arznei sein und Arznei sei Eure Nahrung"* ist nach wie vor gültig.

Auch Quellwasser ist heute schadstoffbelastet, denn es ist mit Mineralien und anderen Stoffen angereichert. Eis und Schnee wären reines Wasser, gäbe es keine Luftverschmutzung. Deshalb habe ich ein Destilliergerät angeschafft. Es ist als Alternative zu sehen und für den Organismus das Sauberste. Destilliertes Wasser enthält keine Schadstoffe mehr, aber auch keine sonstigen Bestandteile. Die Struktur der Materie ist nicht mehr vorhanden, aber deren Informationen „positiv" wie „negativ".

Wasser aus dem Jordan enthält immer noch die Informationen von Johannes und Jesus bei der Taufe von Jesus. Dieses Wasser ist nur einmal zu destillieren. Es behält dabei die Struktur der Taufe von Jesus. Es entsteht ein „Perpetuum mobile". Die Frequenz, die unendlich ist, überlagert sämtliche anderen Frequenzen. Ein Tropfen vom Jordanwasser genügt, um eine Information anzureichern.

Der Strom der Wahrheit fließt durch
Kanäle von Irrtümern.
Rabindrath Tagore

Der Quarzstein

Mit den Steinen des Feldes bist Du verbündet.
Hiob 5,23

Seit 37 Jahren begleitet mich ein Quarzstein. Er war für mich immer sehr wertvoll, doch jetzt erst untersuchte ich ihn radiästhetisch.

Der Quarz-Stein und meine persönliche Geschichte
Von 1972 – 1974 war ich beim Anlegen des Staudammes Losheim als Bauführer tätig.
Beim Aufbau des Dammes zur zweiten eingebauten Erdschicht fiel mir beim Abkippen der Erde ein Stein zwischen die Füße. Ich hob ihn auf, säuberte ihn und nahm den Stein mit. Diesen Quarzstein besitze ich noch heute. Er war für mich schon auf den ersten Blick etwas Besonderes, durch seine Form, Struktur und Ausstrahlung.
Der Stein und ich sind eine Einheit geworden. Für mich ist jeder Stein ein Individuum, es ist das Erfahren der lebendigen Welt.

Steine geben Strahlung in Form von Wärme und Licht ab, die der sensitive Mensch aufnimmt. Wir alle sind ständig von einem elektromagnetischen Feld umgeben und stehen daher auch mit unserer gesamten Umgebung im Austausch. Wir können die Ausstrahlung eines Steines nicht sehen aber fühlen.
Es gibt sensitive Menschen, die auch die Sprache der Steine verstehen. Jeder Stein ist in der Lage aufgrund seiner ihm innewohnenden Fähigkeiten, eine Wirkung auf den Menschen zu entfalten.

Die Beschaffenheit meines Quarz-Steines.

Struktur des Steines	= Quarz
Höhe	= 9,5 cm
Grundfläche	= 6 cm x 5,5 cm
Oberfläche	= 4,5 cm x 3,5 cm
Natur rau	= nicht geschliffen
Form	= eine stumpfe Pyramide

Frequenz	$= 10^{25}$
Intensität (Stärke)	= stark
Aura (Abstrahlung)	= 50 m
Nach allen Seiten	= 50 m +

Mein Quarzstein

Ich habe das Pflasterer-Handwerk erlernt und viele Steine verarbeitet. Mein Lieblingsstein war und ist der schwarzweiße Granit. Er besteht aus Feldspat, Quarz und Glimmer. Auch mein Hauseingang wurde damit gepflastert. Hinter meinem Haus steht eine Pyramide aus Granit und Melaphyr. Doch mein Quarzstein war mir von Anfang an ans Herz gewachsen. Er steht bis heute auf meinem Schreibtisch. Dieser Stein hat es mir angetan.

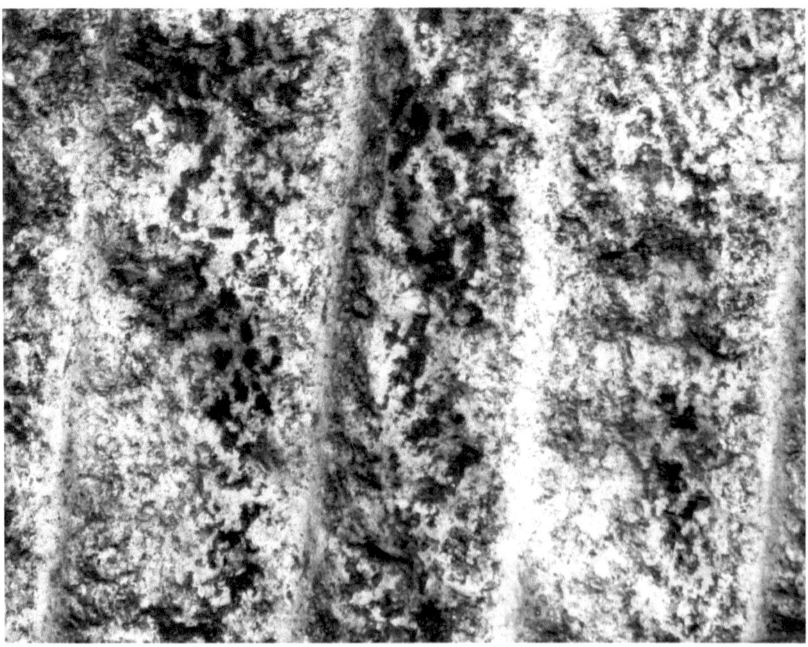

Schwarz-weißer Granit gestaltet von Paul Schneider

Inhaltsverzeichnis